Guía para el docente y solucionarios

Montaje y mantenimiento de instalaciones de climatización y ventilación-extracción

ic editorial

Editado por: IC Editorial
c/ Cueva de Viera, 2, Local 3
Centro Negocios CADI
29200 Antequera (Málaga)
Teléfono: 952 70 60 04
Fax: 952 84 55 03
Correo electrónico: iceditorial@iceditorial.com
Internet: www.iceditorial.com

**Guía para el docente y solucionarios:
Montaje y mantenimiento de instalaciones de climatización y
ventilación-extracción**

1ª Edición

© IC Editorial 2026

ISBN: 979-13-7027-129-9
Depósito Legal: MA 160-2026

Impresión: PODiPrint
Impreso en Andalucía - España

Índice

Bloque 1
Guía para el docente: técnicas de enseñanza y aprendizaje

Contenido

1. Introducción

El presente capítulo está destinado a ofrecer al cuerpo docente responsable de la enseñanza del programa de cualificaciones profesionales y certificados de profesionalidad, una guía metodológica para obtener el máximo rendimiento de los contenidos formativos que han sido desarrollados para el presente título.

La mejora de las habilidades comunicativas y la aplicación de una metodología contrastada de enseñanza, aprendizaje y evaluación permitirá transmitir el conocimiento y adquirir el programa formativo de la forma más efectiva y práctica posible.

Estudiaremos cuáles son los principales elementos que forman parte de la comunicación profesor-alumno, a través de una cuidada selección de sistemas de planificación de estrategias didácticas, así como la utilización de medios y recursos didácticos.

La integración de todas las actividades planificadas alrededor de un plan de formación adaptado e individualizado, aumentará además la satisfacción del alumnado por la utilización de un sistema no lineal e interactivo que se retroalimenta gracias a la relación establecida entre la propia metodología y los actores que forman parte de la enseñanza.

2. El programa de formación

Una de las claves del éxito de la mayoría de las actividades que se realizan en general, y concretamente en la formación, es la **programación.** Es necesaria la programación de las acciones formativas, para que así se pueda alcanzar el objetivo final, es decir, que el alumno obtenga una buena capacitación y adquiera nuevos conocimientos en su repertorio y que, después, sea capaz de emplearlos en su trabajo.

2.1. Definición de programación

Cuando se habla de **programación,** se pueden encontrar multitud de definiciones. Para sintetizar, se podría definir como la actividad de enunciar lo que se quiere hacer (objetivos, contenidos, métodos, temporalización, medios y recursos didácticos y evaluación).

 Definición

Programación
Es un plan donde se establecen las acciones que se van a realizar en un proceso de enseñanza-aprendizaje, por medio de un formador o un equipo.

A continuación, se va a describir una serie de características que tiene que tener una programación didáctica:

- Dinámica. Una programación no es estática ni está acabada, siempre está en constante revisión, de ahí su dinamismo. Además va cambiando o evolucionando según los resultados de la evaluación continua que se va realizando durante la ejecución de la acción.
- Flexible. Esta característica permite que se puedan hacer cambios, ampliaciones, reducciones y actualizaciones de los contenidos y actividades programadas, según las necesidades que se observen.
- Creativa. La programación como es un diseño propio y exclusivo, exige creatividad y originalidad. El docente es el que decide sobre el quehacer en el aula teniendo en cuenta las características del grupo, las necesidades que se pretenden satisfacer y las propias posibilidades.
- Prospectiva. La programación consiste en hacer un pronóstico de la interacción que se va a producir en el aula.

- Sistemática. La programación es un proceso sistematizador que da coherencia a la acción formativa, ya que tiene en cuenta todos los elementos (objetivos, contenidos, métodos, temporalización, medios y recursos pedagógicos y evaluación) que intervienen en el acto educativo y analiza sus relaciones.
- Integradora. Permite integrar elementos de cualificación técnico-profesionales con elementos de cualificación personal de alumnado.
- Funcional. Toda programación debe basarse en el perfil profesional de la ocupación y estructurar los contenidos formativos que proporcionan las competencias de ésta.

2.2. Elementos de la programación

Antes de empezar cualquier programación formativa, es necesario tener en cuenta los datos obtenidos del análisis de la ocupación y del grupo al que se dirige la acción formativa. A partir de esta información, se determinan los elementos que van a conformar la programación.

Cuando se realiza la programación de un curso, hay que plantearse previamente las siguientes preguntas:

1. ¿Qué quiero conseguir con la formación?	**OBJETIVOS**
2. ¿Qué conocimientos deben asimilar los alumnos para alcanzar los objetivos propuestos?	**CONTENIDOS DEL CURSO**
3. ¿Cómo trabajamos en el aula? ¿Qué actividades son las que realizamos?	**MÉTODOS DE ENSEÑANZA**
4. ¿Cuánto tiempo tengo y cuánto dedico a cada módulo?	**TEMPORALIZACIÓN**
5. ¿Qué medios y recursos didácticos se necesitan para poder llevar a cabo esas actividades?	**MEDIOS Y RECURSOS DIDÁCTICOS**
6. ¿Cómo sabemos que se ha producido el aprendizaje?	**EVALUACIÓN**

3. Factores determinantes de la efectividad de la comunicación en el proceso de enseñanza-aprendizaje

En toda comunicación que se produzca en el proceso de enseñanza-aprendizaje, existen factores determinantes que obstaculizan o refuerzan este proceso.

3.1. Obstáculos de la comunicación

Relacionados con el emisor

- No expresar de forma clara qué mensaje se quiere transmitir.
- Comentar algo a lo largo de la explicación que no sea lo correcto y pueda resultar desagradable.
- Cambiar el tema de conversación.
- Desviarse del tema que se está tratando.
- No mirar al receptor cuando se quiere expresar algo.
- No estar atento a las señales que emite el receptor.
- Expresar alguna idea a través de los gestos que no se corresponda con la idea a comunicar.

Relacionados con el receptor

- No comprender las ideas que quiere expresar el emisor.
- No pedir explicación al emisor de aquella información que no le haya quedado clara.
- Interrumpir al emisor cuando está hablando.
- Captar algo diferente a lo que el emisor desea transmitir.

Relacionados con el mensaje

- Mensaje confuso.
- Mensaje muy corto.
- Mensaje muy extenso.
- Abuso de muletillas.
- Utilización de frases sin terminar.
- Dar "rodeos" para decir la idea principal.

Relacionados con el contexto

- No ser el momento adecuado para transmitir algo.
- No saber escoger el lugar oportuno.
- La presencia de ruidos y de interferencias.
- No pensar en las personas que están cerca.

Relacionados con el código

- No utilizar el mismo código que la persona con la que se habla o a la que se escucha.
- No adaptar el vocabulario a la situación o a la persona con la que se conversa.
- Utilizar el doble sentido.

3.2. Sugerencias para el mejor funcionamiento de la comunicación

Emisor

- Acostumbrarse a planificar la comunicación.
- Concretar visiblemente los objetivos.
- Buscar la retroalimentación en la comunicación.
- No tratar de impresionar al receptor.

Mensaje

- Que sea claramente entendido por el receptor.
- Que la terminología usada sea de referencia común.
- Que reclame la atención y el interés del alumnado.
- Que sea sencillo de interpretar.
- Que su contenido sea adecuado y convincente.
- Que produzca el máximo efecto posible.

Canal

- Que sea el más apropiado al grupo al que se dirige, al contenido del mensaje y al objetivo que persigue el formador.
- Que sea el que cause mayor impacto en el receptor.
- Que sea el más eficaz.
- Que sea el que mejor domine el formador.

4. La comunicación verbal y no verbal en el proceso instructivo

Los medios de comunicación pueden agruparse en dos grandes bloques: los **medios verbales,** que son aquellos que usan la lengua como código compartido; y los **medios no verbales,** que son los que se fundamentan en otros códigos simbólicos. A su vez, dentro de los medios verbales, están el medio escrito y el medio oral.

Cada uno de estos medios tiene sus ventajas y sus inconvenientes, por lo que la selección del medio deberá tener en cuenta las circunstancias y características que en cada caso presenta el comunicador, la audiencia y el mensaje que se ha de transmitir.

4.1. Los medios verbales

La comunicación verbal

La comunicación verbal se utiliza para comunicar ideas o dar información, opiniones, expresar o describir sentimientos, etc. Sirve de vehículo a los contenidos explícitos del mensaje. Para garantizar la efectividad de la comunicación, es necesario que el mensaje se presente de forma descriptiva y operativa, pero siempre teniendo muy en cuenta el código común del grupo al que va dirigida esta comunicación.

Un uso correcto del lenguaje oral ayuda a acercarse más a los alumnos. Los principales aspectos a considerar son los que aparecen a continuación.

Construcciones gramaticales

El objetivo será transmitir el mensaje de la manera más clara posible. Se deben evitar los giros rebuscados, la sintaxis complicada y las metáforas. En las explicaciones y conversaciones debe primar el contenido sobre la forma.

Vocabulario

Es importante saber qué palabras van a expresar mejor los conceptos que se desean transmitir y las que pueden ser comprendidas mejor por los alumnos. El análisis previo de los alumnos ayuda a saber qué términos técnicos se pueden utilizar sin problemas, cuáles se tienen que explicar y cuáles se deben evitar.

En general, siempre hay que mantenerse dentro de un lenguaje formal, evitando los vocablos demasiado coloquiales, las palabras extranjeras, las referencias académicas y expresiones de carácter religioso, político, deportivo o cultural, que pueden resultar agresivas para los alumnos.

Ejemplos

Los conceptos abstractos que pueden aparecer y que dificultan la adquisición de los contenidos, tienen que ser expresados mediante las explicaciones del formador, siempre apoyándose en la visualización.

La comunicación escrita

La comunicación escrita posee un carácter más veraz que la oral. La interacción que tiene lugar entre el emisor y el receptor no es inmediata, en algunas ocasiones no llega a producirse jamás. Este tipo de comunicación ofrece más oportunidades expresivas y mayor complejidad gramatical, sintáctica y léxica. También hay que tener en cuenta que a veces dificulta la expresión y/o puede no proporcionar *feedback* de manera inmediata.

4.2. Los medios no verbales

Al igual que las palabras, los elementos de la comunicación no verbal son signos que representan una idea (se excluyen todos los signos lingüísticos).

A diferencia de la comunicación verbal, su función no se centra sólo en la transmisión de contenido, sino que traspasa esa frontera para expresar también las emociones del emisor, controlar la interacción y proporcionar *feedback* del efecto que el mensaje produce en el receptor. Todas estas funciones son muy útiles para el formador, tanto en su tarea de transmisor de conocimientos como en la tarea de motivar y dirigir al grupo.

A continuación, se detallan las diferentes categorías en las que se agrupan los elementos de la comunicación no verbal.

Kinesia

Posturas

Una de las primeras cosas que el formador debe transmitir a sus alumnos es confianza y seguridad, lo que puede conseguirse a través de una postura erguida (sin llegar a ser arrogante), de pie, apoyándose sobre los dos pies y manteniendo la cabeza alta.

Esta postura es útil, especialmente durante la presentación del curso, porque ayuda a relajar el cuerpo, a facilitar la respiración y a controlar las muestras de nerviosismo, al tener un buen apoyo en el suelo.

A medida que avanza el curso, se pueden adoptar otras posturas que faciliten el descanso (apoyarse), el acercamiento (echar el cuerpo hacia delante) o que resten protagonismo (sentarse).

Gestos

Los gestos son un buen aliado del formador, excepto cuando éste se siente incómodo o nervioso. Gestos de carácter adaptador, como rascarse o colocarse la ropa, pueden delatar su estado emocional.

La mayoría de los gestos cumplen la función de reforzar el mensaje verbal (ilustradores), aunque existen otros cuya función es regular las intervenciones cuando se dirige una discusión de grupo.

Expresiones faciales

Las expresiones de la cara transmiten las emociones y permiten obtener fácilmente una respuesta del alumno.

Una expresión facial agradable, como una sonrisa no forzada, facilita la creación de un ambiente relajado en el aula. Una sonrisa puede ser muy útil también para romper la tensión que inevitablemente surge en algunas sesiones.

Mirada

La mirada, junto con la postura, es uno de los mejores métodos para transmitir confianza (en momentos de nerviosismo se tiende a apartar la vista) y para captar la atención de los alumnos.

Mientras el formador habla debe mantener la mirada sobre los alumnos la mayor parte del tiempo, mirándolos el tiempo suficiente como para que se sientan atendidos pero no incómodos. También se puede utilizar la mirada durante las discusiones de grupo, con una función reguladora de las distintas intervenciones.

Desplazamientos

Realizar desplazamientos en el aula capta la atención del alumnado, además de facilitar el contacto visual. Hay que procurar que no sean repetitivos o bruscos (pasear cerca de los alumnos), y cambiar de un recurso a otro (ir de la pizarra al retroproyector), etc.

Recuerde

Los recursos no verbales que estudia la Kinesia son:

▌ Posturas.
▌ Gestos.
▌ Expresiones faciales.
▌ Mirada.
▌ Desplazamientos.

Estos recursos pueden utilizarse tanto para reforzar lo que se expresa mediante la comunicación verbal como para sustituirlo.

Proxémica

El aspecto de la proxémica que más interesa es la proximidad física entre los individuos, ya que los alumnos pueden sentirse violentos si el formador se aproxima excesivamente a ellos o, por el contrario, verle distante si no se acerca.

Se debe prestar atención a este aspecto, tanto durante las intervenciones como al distribuir el espacio del aula que se va a emplear, evitando siempre que los asientos estén demasiado juntos o demasiado separados.

Paralingüística

Para captar la atención del público, los oradores suelen hacer uso de determinados aspectos como el tono de voz o las pausas, que en algunos casos pueden parecer exagerados.

El formador, aunque emplee el método de la lección magistral, no es un orador y, por tanto, no debe prestar especial atención a estos aspectos, excepto cuando le plantean algún problema, debido a la ansiedad, al cansancio o a un mal estado de salud. Practicar en voz alta y realizar grabaciones durante la fase de preparación puede ayudar a vencer estas dificultades.

Volumen

Aunque el aula sea pequeña, se tiene que realizar el esfuerzo de hablar lo suficientemente alto para que todos los alumnos oigan las explicaciones y, a la vez, transmitir confianza. En general, el volumen se ajustará instintivamente cuando se compruebe dónde se sitúa la persona que se encuentra más alejada.

Entonación

El problema más frecuente, especialmente si se está cansado, es la monotonía, que no contribuye a captar la atención ni a motivar a los alumnos.

El interés que el formador muestre por el tema y una correcta preparación le hará destacar los puntos clave y jugar con la entonación de una forma adecuada a lo largo de toda la exposición.

Pronunciación

Los problemas se presentan especialmente cuando se está nervioso o se habla demasiado rápido. Se debe hacer un esfuerzo por articular todas las palabras de manera limpia y clara, abriendo la boca lo suficiente para pronunciar correctamente las sílabas, consonantes y vocales.

Velocidad

Una velocidad correcta puede ayudar a resolver problemas de pronunciación y de entonación. Se debe hablar a una velocidad normal o algo superior, para facilitar el mantenimiento de la atención. No obstante, si se está nervioso, se puede hablar con mayor lentitud para facilitar la respiración y relajarse. También se debe reducir la velocidad cuando se expliquen conceptos técnicos complejos o cuando se espere alguna respuesta por parte de los alumnos.

Recuerde

Los elementos que trata la Paralingüística son:

- El volumen.
- La entonación.
- La pronunciación.
- La velocidad.

Proyección física

Existen determinados factores que, sin que la persona diga ni haga nada, transmiten información y hacen referencia a la imagen física que esta persona proyecta.

Es fundamental que el formador transmita una imagen positiva para los alumnos. Se debe cuidar el aspecto externo y los artefactos que se usen, como los adornos y prendas de vestir. La manera adecuada de vestir depende de la situación y siempre debe estar en consonancia con lo que cada colectivo de alumnos espera del formador.

Ejemplo

Sería negativo vestir pieles para impartir un curso cuyo objetivo fuese desarrollar actitudes positivas hacia la protección del medio ambiente.

En cualquier caso, se debe llevar ropa que resulte cómoda, bien cuidada y no demasiado llamativa. A los adornos y al peinado se aplican las mismas reglas que al vestido.

Importante

Un objetivo fundamental del formador es dirigir la atención de los alumnos hacia el contenido que está desarrollando, nunca hacia su persona.

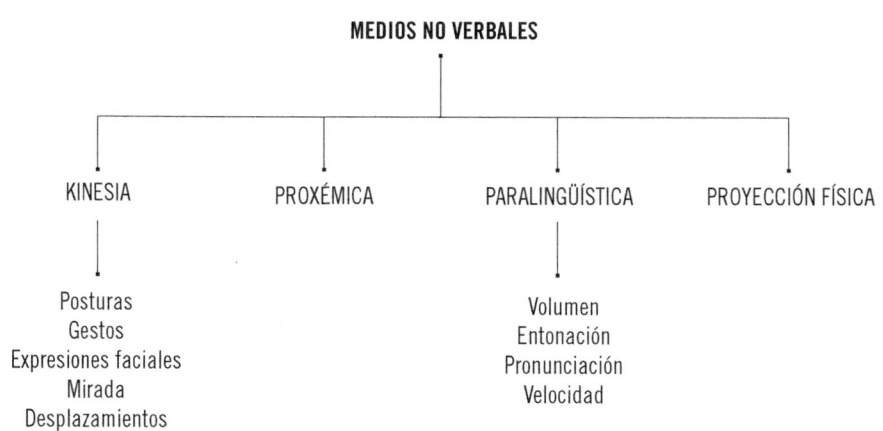

Finalmente, conviene recordar que si el formador observa atentamente la comunicación no verbal que expresan los alumnos, obtendrá una gran cantidad de información.

Hay numerosos signos no verbales que puede mostrar el alumno:

- **Atención:** posturas del cuerpo (inclinado hacia delante, hacia atrás...).
- **Necesidad de hablar:** movimientos sutiles de la boca, de la mano, etc.
- **Irritación:** movimiento de pies, manipulación de objetos sobre la mesa, etc.

- **Concentración:** tomar apuntes, mirar al docente, etc.
- **Cansancio:** cuerpo hundido, suspiros, etc.
- **Inercia:** silencios de todo el grupo, etc.
- **Desinterés:** cerrar el cuaderno, bostezar, mirar al vacío, etc.
- **Sorpresa:** levantar los brazos, abrir la boca, levantar las cejas, abrir los ojos, etc.

Si se observan estos elementos de forma atenta, se podrá obtener información sobre la comprensión del mensaje y el estado emocional de los alumnos, lo que será de gran utilidad para el formador durante el curso.

La comunicación no verbal aporta información al formador sobre los alumnos

5. Técnicas de secuenciación de contenidos

Una vez seleccionados los contenidos, hay que ordenarlos secuencialmente. La **secuenciación y estructuración de los contenidos** es el proceso que permite situarlos en una configuración que produce el máximo aprendizaje en el mínimo tiempo posible.

Algunas de las técnicas para la secuenciación de contenidos son las siguientes:

- Que los contenidos estén de acuerdo con los objetivos propuestos y con los plazos previstos para conseguirlos.

- Empezar por los contenidos más próximos y significativos para el alumno, para llegar poco a poco a lo desconocido. De esta manera, resultará más fácil introducir los nuevos contenidos.
- Ir de lo inmediato a lo remoto.
- Ir de lo concreto a lo abstracto.
- Ir de lo más fácil a lo más difícil. Esto motiva al alumnado porque le va mostrando los avances de manera rápida.

Las principales ventajas que este proceso conlleva son:

- Ayuda al participante a pasar de un conocimiento o habilidad a otro.
- Garantiza que los conocimientos y habilidades previas son alcanzados antes de introducir elementos nuevos.
- Reduce el tiempo de formación.
- Evita la confusión y los fallos en el participante.

Estos puntos son los principales aspectos a tener en cuenta cuando se realiza la presente fase de la programación de la formación, es decir, cuando se fijan los contenidos de la formación.

6. La selección y planificación de estrategias didácticas

Las personas que realizan un curso de formación son diversas, por ello es muy importante que las estrategias didácticas se adapten, de la mejor forma posible, al contexto y permitan una flexibilidad.

 Definición

Estrategias didácticas
Son procedimientos que el formador emplea para facilitar el aprendizaje, con la intención de que éste sea significativo.

Tras la selección y estructuración de contenidos, llega el momento de decidir la modalidad de formación a seguir y la metodología a utilizar en su impartición. Pero esta decisión no se puede tomar arbitrariamente, sino que ha de basarse en unos criterios. Los criterios de decisión básicos para determinar qué estrategia y qué método de formación es el adecuado, son:

- La compatibilidad con los objetivos.
- Los principios generales del aprendizaje del adulto: individualización, motivación, utilidad, practicidad, intereses, etc.
- Los principios de rigor, realismo y participación.
- El carácter eminentemente aplicativo de los aprendizajes.
- La posibilidad de transferir los aprendizajes al puesto de trabajo.
- Los recursos disponibles, incluido el tiempo.
- Los factores relacionados con los participantes, como el estilo de aprendizaje, la edad, el tamaño del grupo, la motivación, etc.

Una vez escogido el método, se observa que ninguno es químicamente puro, sino que unos participan de otros. Por lo demás, todo método puede ser adecuado o inadecuado dependiendo del modo en que sea empleado.

Los formadores deben utilizar los métodos flexiblemente, de la forma que mejor se adapten al estilo de formación, a la materia y a los alumnos, complementando cada método con la técnica y recurso didáctico más acorde.

7. La selección y planificación de medios y recursos didácticos

Para realizar cualquier acción formativa, hace falta algo más que elegir y aplicar unos métodos y unas técnicas. Son necesarios los medios y recursos didácticos, que van a ayudar a desarrollar la metodología seleccionada en el aula. Los medios y recursos didácticos permiten el trasvase de información formador-alumno.

 **Definición**

Medios didácticos
Son materiales elaborados para facilitar los procesos de enseñanza-aprendizaje.

Recursos didácticos
Son soportes mediante los cuales se presentan los contenidos del curso a los alumnos.

A la hora de escoger el medio o recurso a utilizar, se deben tener en cuenta los siguientes criterios:

- **Características de la materia o tema.** Dependiendo de la naturaleza de los contenidos, éstos pueden ser transmitidos por unos u otros métodos.
- **Los objetivos del curso.** Toda selección de medios y estrategias de enseñanza deben realizarse en función de éstos.
- **La disposición del aula y el número de alumnos.** Hay que tener cuidado, sobre todo en la visibilidad de alguno de los recursos, porque pueden perder eficacia.
- **Tiempo disponible para la formación.** Este elemento tiene que estar siempre presente, porque, en función del tiempo que se tenga, se elegirá lo que se adapte mejor a las necesidades.
- **Recursos disponibles,** ya que en algunas ocasiones están a nuestro alcance.
- **El uso que se haga de ellos,** cuál es la finalidad, qué es lo que se pretende y en qué momento se van a utilizar.
- **El nivel de conocimiento de los alumnos** sobre el tema.

Todos estos puntos se han de tener en cuenta a la hora de escoger un medio o recurso didáctico. La finalidad de éstos no es otra que la de fundamentar, apoyar y reforzar el acto formativo.

8. La planificación de la evaluación del proceso de enseñanza-aprendizaje

La aplicación de programas de formación lleva a la obtención de unos determinados resultados. Éstos serán los frutos de la formación y mostrarán el grado de eficacia y eficiencia con que se lleva a cabo la función formativa.

Los resultados indican el éxito de la formación mediante su contraste con los objetivos fijados anteriormente. Este procedimiento recibe el nombre de **evaluación,** proceso ampliamente conocido y con trascendencia reconocida para la formación. Según el proceso de evaluación aplicado, los resultados obtenidos serán reales y fiables, o bien, falseados.

Para que los resultados de la evaluación muestren con certeza el grado de éxito alcanzado con la formación, es necesario un requisito previo: el establecimiento de criterios de evaluación durante el proceso de planificación de la formación. Los criterios actúan como puntos de referencia, a partir de los cuales se valoran los resultados obtenidos.

Los criterios de evaluación han de fijarse con mucha atención, ya que determinan el proceso de evaluación, y éste juzga el grado de éxito de la función formativa.

El primer aspecto a tener en cuenta es la validez: los criterios de evaluación han de ser válidos en relación a los elementos del proceso formativo.

Los aspectos que determinan el grado de validez de los criterios de evaluación son:

- La relevancia.
- La no deficiencia.
- La no contaminación.
- Su fiabilidad.

El establecimiento de criterios válidos y fiables permitirá elaborar un proceso de evaluación de la formación que mida rigurosamente la eficacia y la eficiencia de la función formativa.

9. El seguimiento formativo

El seguimiento es un proceso continuo que sirve para evaluar la eficacia del uso de los recursos y para saber qué iniciativas se pueden emprender para mejorar el aprovechamiento de los recursos formativos.

El seguimiento, además de realizarse después de haber finalizado la planificación formativa, también se realiza antes de la acción.

9.1. Características

El seguimiento formativo permite evaluar los distintos componentes (desde los alumnos hasta todos los elementos que forman la programación) que intervienen en él durante todo el proceso de formación.

El seguimiento formativo se diferencia de la evaluación en que éste tiene que ver más con tareas organizativas, de coordinación, administrativas, etc.; sin embargo, la evaluación valora aspectos de los procesos de formación, como pueden ser la comunicación, el aprendizaje de los nuevos conocimientos, etc.

Con la realización adecuada de un seguimiento formativo:

- Se pueden **descubrir errores o desajustes** en el proceso de enseñanza-aprendizaje antes de que se realice la evaluación final para comprobarlos.
- Se pueden **corregir los errores** en el momento en el que se están produciendo.
- Además, **se detectan los aspectos positivos** que tienen lugar a lo largo de todo el proceso y las **posibles mejoras** que se pueden realizar.

El seguimiento formativo tiene que ser realizado por todas las personas que están implicadas en la realización de los cursos de formación (tutores, coordinadores, técnicos, etc.), por ello, el formador es una figura importante en el proceso de formación, ya que se encuentra implicado en él.

El proceso de formación debe estar planificado, pensado y planteado antes de que empiece la acción de formación, nunca debe llevarse a cabo de manera cerrada, sino que tiene que estar abierto a cualquier cambio que se considere necesario.

9.2. Finalidad

Son varias las finalidades que persigue el seguimiento formativo:

- Ayudar a comprender por qué ocurren algunas cosas y qué se puede hacer para intervenir en ese proceso que se está llevando a cabo.
- Identificar y solucionar los problemas que surgen a lo largo del proceso.
- Contribuir para elaborar planes de formación de manera objetiva, sin desviarse de la finalidad éste.
- Colaborar en la disminución y control del uso de los recursos materiales.
- Determinar el nivel que puede alcanzar el rendimiento y relacionarlo con el rendimiento actual.
- Diagnosticar y detectar problemas para llevar a cabo las acciones correctivas pertinentes.

9.3. Planificación

El seguimiento formativo debe planificarse antes y durante la acción formativa.

El objetivo de este seguimiento es comprobar la eficacia de la acción formativa antes de que ésta llegue a su fin, es decir, es necesario que durante este proceso todos los elementos que van a formar parte del aprendizaje estén planificados.

Los dos momentos que hay que tener en cuenta para planificar el seguimiento formativo son:

- **Antes de la acción formativa:** es necesario conocer las necesidades, el perfil del alumno, qué materiales, instrumentos, recursos, medios didácticos se van a usar.

■ **Durante la acción formativa:** aquí el seguimiento se utiliza para comprobar los posibles errores y mejoras que se pueden llevar a cabo. Ofrece la posibilidad de poder modificar aquellas acciones o medios que dificultan el avance del aprendizaje.

10. Instrumentos para el seguimiento

A lo largo de un ciclo formativo pueden suceder errores y surgir problemas, esto abarca desde la identificación de necesidades hasta la planificación, el diseño, la implantación y la evaluación. Por todo esto, es importante saber cuál es la causa del problema y saber tomar las medidas oportunas para que no se origine nuevamente.

Para detectar el origen del problema, siempre se necesita una información determinada, ésta sólo se puede obtener mediante técnicas que ayuden a obtenerlas, es decir, que permitan recabar y analizar los datos obtenidos.

Para el seguimiento del proceso de enseñanza-aprendizaje, se pueden confeccionar diferentes tipos de instrumentos de evaluación, como pueden ser los cuestionarios y utilizar la observación directa, etc., si el tipo de formación lo permite (presencial o semipresencial). Estos instrumentos variarán según el tipo de datos que se quiera conseguir.

Un ejemplo de plantilla para recoger y analizar la información podría ser esta:

CURSO:		1° Módulo	2° Módulo	3°Módulo
	Suficiente			
Objetivos del módulo	Insuficiente			
	Adecuado			
	Inadecuado			

Continúa en página siguiente >>

<< Viene de página anterior

CURSO:		1º Módulo	2º Módulo	3ºMódulo
Contenidos del módulo	Suficiente			
	Insuficiente			
	Adecuado			
	Inadecuado			
Metodología	Suficiente			
	Insuficiente			
	Adecuado			
	Inadecuado			
Actividades y recursos	Suficiente			
	Insuficiente			
	Adecuado			
	Inadecuado			
Recursos materiales	Suficiente			
	Insuficiente			
	Adecuado			
	Inadecuado			
Recursos humanos	Suficiente			
	Insuficiente			
	Adecuado			
	Inadecuado			
Proceso de evaluación	Suficiente			
	Insuficiente			
	Adecuado			
	Inadecuado			
Nivel de satisfacción del alumnado	Suficiente			
	Insuficiente			
	Adecuado			
	Inadecuado			

Para el seguimiento del aprendizaje, como la información que se obtiene es de diferente índole, se recogerá mediante la aplicación de las técnicas seleccionadas y elaboradas para la evaluación de cada uno de los aspectos planteados (observación directa de los trabajos, participación, cuestionarios acerca de la motivación y satisfacción del alumnado, etc.).

Por ejemplo, los contenidos que se podrían incluir en la "parrilla" de análisis son los siguientes:

CURSO		1er Módulo	2º Módulo	3er Módulo
Conceptos (comprende los contenidos conceptuales)	Con facilidad			
	Con normalidad			
	Con dificultad			
Procedimientos (aplica y desarrolla los contenidos procedimentales)	Con facilidad			
	Con normalidad			
	Con dificultad			
Actitudes (manifiesta las actitudes adecuadas a los contenidos)	Con facilidad			
	Con normalidad			
	Con dificultad			
Motivación y participación	Con facilidad			
	Con normalidad			
	Con dificultad			
Satisfacción del alumno	Con facilidad			
	Con normalidad			
	Con dificultad			

Dos de las herramientas básicas son:

- **Los diagramas de flujo:** éstos sirven para desglosar en forma de componentes, para presentar una clara imagen de lo que ocurre.
- **Los checklists:** éstos son especialmente útiles para garantizar que se han realizado todas las acciones necesarias. Es otro método de ayuda orientado a los formadores y participantes para preparar, utilizar y solucionar los problemas del equipamiento.

Otros métodos de seguimiento y control que pueden ayudar en la formación son:

- Las reuniones formales e informales.
- Pasar un informe de las sesiones, cuestionarios de satisfacción o formularios de evaluación del curso.
- Entrevistas de evaluación.

 **Recuerde**

Algunos de los instrumentos de seguimiento más utilizados son:

▮ Cuestionario de satisfacción
▮ Cuestionario de motivación
▮ Observación directa
▮ Reuniones formales e informales
▮ Entrevistas de evaluación

11. Metodología de la evaluación del diseño de formación

Los métodos empleados en la evaluación siempre suelen son los mismos, independientemente de que se evalúen los objetivos, los contenidos, los recursos, etc. A pesar de esto, hay que tener en cuenta que no se deben utilizar todos los métodos que se van a nombrar, sino que todo dependerá de lo que se esté evaluando.

Los métodos más frecuentes son:

- Observación sistemática.
- Observación mediante observadores externos o internos del grupo.
- Análisis de trabajo.
- Entrevistas personales.
- Situaciones de simulaciones.

- Diálogos, debates.
- Cuestionarios específicos.
- Inventarios.
- Grabaciones en vídeo.
- Etc.

11.1. Evaluación de los objetivos

Cuando se diseña el programa formativo, se deben concretar los objetivos que serán objeto de evaluación al finalizar el curso, para comprobar si éstos se han alcanzado o no.

Los objetivos marcan aquellos aspectos claves que debe adquirir el alumno para alcanzar unas competencias determinadas. Éstos determinarán lo que el alumno será capaz de saber y saber hacer al acabar el curso, en unas condiciones dadas y con unos medios determinados.

Si, al finalizar el curso, se observa que los objetivos no se han cumplido en su totalidad, hay que analizar cuál ha sido la causa de este error y corregirlos. Si se han cumplido los objetivos, habrá que determinar los motivos de éxito, para volver a ponerlos en práctica en futuros cursos.

Los objetivos marcados al inicio de la formación sirven para:

- Dirigir la formación, es decir, saber hacia dónde se quiere llegar con ésta.
- Comprobar qué se ha logrado.
- Facilitar la evaluación, ya que se sabe cuáles son los objetivos que hay que evaluar.
- Reorientar la formación en el mismo momento que se está realizando.
- Elegir los métodos más adecuados para la formación.

La evaluación de los objetivos debe medirse atendiendo a:

- **Objetivos generales:** son utilizados para saber cuáles son las competencias generales.
- **Objetivos específicos:** parten de los objetivos generales.

■ **Objetivos operativos:** son derivados de los específicos. Son objetivos más concretos y siempre deben estar relacionados con actividades u operaciones determinadas. Son los más fáciles de medir.

 Ejemplo

Objetivos específicos para evaluar un curso de primeros auxilios:

▎ Aprender los conceptos básicos y generales de los primeros auxilios.
▎ Adquirir las habilidades y aplicar los principios de actuación para poder reaccionar adecuadamente en situaciones de urgencia.
▎ Conocer los aspectos jurídicos relacionados.

11.2. Evaluación de los contenidos

La evaluación de los contenidos se realizará para comprobar si los objetivos que se habían marcado al principio de la formación se han logrado, así como para eliminar aquellos contenidos que no aportan nada al curso.

Se debe tener siempre en cuenta que se puede lograr un mismo objetivo de formación utilizando diversos contenidos.

Para evaluar los contenidos, hay que comprobar si se ha seguido una secuencia lógica a la hora de impartirlos. Esta secuencia permite que los contenidos sean adquiridos por los alumnos de una manera más significativa, es decir, facilita el aprendizaje de los mismos.

Para que la evaluación de los contenidos resulte positiva, éstos deben ir expuestos:

■ De acuerdo con los objetivos propuestos y con los plazos previstos para conseguirlos.
■ De lo conocido a lo desconocido.

- De lo inmediato a lo remoto.
- De lo concreto a lo abstracto.
- De lo fácil a lo difícil.

Otro aspecto a tener en cuenta para que la evaluación de los contenidos sea positiva, es que éstos se deben estructurar adecuadamente, por ejemplo, mediante módulos, unidades didácticas, etc. Éstas tienen que abarcar los conocimientos, las habilidades y las actitudes que capacitan al alumno para poner en práctica las funciones que desempeñará en su puesto de trabajo. Por lo general, se pueden constituir equivalencias entre objetivos generales y cursos, objetivos específicos y módulos, unidades didácticas, etc. así como entre objetivos operativos y sesión formativa,.

 Ejemplo

Siguiendo el ejemplo anterior de primeros auxilios, los contenidos que se evaluarán para comprobar si se han logrado o no los objetivos anteriormente propuestos, son:

I Primeros auxilios: conceptos generales.
I Soporte vital básico (reanimación cardio-pulmonar)-adultos.
I Soporte vital básico-niños.
I Soporte vital instrumental.
I Traumatismos osteoarticulares. Inmovilizaciones (vendajes y férulas improvisadas).
I Movilización de urgencia y posiciones de espera.
I Traumatismos craneales y vertebro-medulares.
I Otras situaciones de emergencia.

11.3. Evaluación de la metodología

La evaluación de la metodología consiste en comprobar que los métodos que se han utilizado son los adecuados para lograr los objetivos formativos, aunque éstos deben ser flexibles a la hora de utilizarlos, ya que deben adaptarse a la materia tratada, a los alumnos, a los recursos disponibles, etc.

Para conseguir que la evaluación de la metodología sea positiva, se deben tener en cuenta las características que se emplean para definir un método. Éstas pueden ser:

■ Presentar y mostrar la problemática del tema para que, a través de la reflexión y el esfuerzo, el alumno pueda resolverla.

■ Respetar tanto la libertad de expresión como de creación.

■ Las actividades que están destinadas al alumno tienen que ser dirigidas por el formador para que el alumno reflexione y participe.

■ Motivar al alumno, relacionando los temas con sus intereses, motivaciones y necesidades.

■ Organizar los nuevos aprendizajes para que se integren con los ya adquiridos.

■ Tener en cuenta las limitaciones y las posibilidades que tiene cada alumno.

■ Dar lugar a la acción individualizada a través de tareas que requieran planteamientos y acciones individualizadas.

11.4. Evaluación de actividades y recursos

Las **actividades** son unos elementos que acompañan a los contenidos formativos, ya que éstas refuerzan los contenidos que son expuestos por el formador. Siempre debe existir coordinación entre ambos, para esto se deben seleccionar adecuadamente tanto los métodos como las técnicas.

Para evaluar las diversas actividades que se han desarrollado, hay que formular una serie de preguntas para saber si las actividades han sido eficaces o han fallado en su ejecución. Algunas de estas preguntas pueden ser:

■ ¿Qué ha hecho el alumno?

■ ¿Ha sabido aplicar los conocimientos necesarios para lograr resolver las actividades?

■ ¿Valora y comprende la finalidad de la actividad?

■ ¿Ha mostrado interés en la realización de la misma?

■ ¿Qué ha aprendido?

■ ¿Han sido válidas las actividades?

- ¿Cuáles han fallado? ¿Por qué?
- ¿Se han alcanzado los objetivos?
- Etc.

Junto con las actividades, los recursos también tienen que ser evaluados, ya que de ellos va a depender en cierta manera la eficacia de las actividades. Por eso, en la evaluación de los recursos hay que tener en cuenta la eficacia de aquellos que se han utilizado y cuáles son los que se hubieran necesitado para desarrollar el curso.

Se pueden distinguir varios criterios para evaluar la eficacia de los recursos:

- Su calidad, porque actúa como mediador entre la realidad y la estructura cognitiva del alumno.
- El contexto metodológico, ya que todo va a depender de la metodología usada por el formador.
- Los propios alumnos, sus motivaciones, intereses, etc.
- La experiencia del formador en el manejo de los diversos recursos, sus habilidades, etc.

También es necesario tener en cuenta qué evaluar de los recursos:

- La rentabilidad de éstos.
- El aprovechamiento para distintas finalidades.
- El mantenimiento.
- La actualización, deben adaptarse a las nuevas tecnologías.
- La adecuación al proceso de enseñanza-aprendizaje.
- Posibilitar la acción, estimular y responder a las curiosidades presentes en el alumnado.

11.5. Evaluación del formador

La figura del formador es muy importante a lo largo de todo el proceso formativo, ya que, en cierta manera, el éxito o el fracaso de la formación recae sobre él, por lo tanto, es imprescindible conocer previamente a la persona que va a impartir un curso.

El formador es el mediador entre los contenidos y los alumnos, por lo que debe evaluarse de forma continua y a lo largo de todo el proceso de enseñanza-aprendizaje, así como al final del proceso, momento en que se comprobará si los métodos y estrategias que ha diseñado y utilizado han sido los adecuados, introduciendo posibles modificaciones para las prácticas futuras.

La evaluación del formador se puede realizar desde varias vertientes, en cada una de ellas se evalúan aspectos diferentes, pero todas persiguen el mismo fin, que es fomentar la calidad de la formación.

Evaluación realizada por los alumnos

Los alumnos pueden evaluar aspectos como la relación del formador con los alumnos, la organización de las sesiones, el control de clase, la efectividad de la enseñanza, etc.

En la siguiente tabla se muestra un cuestionario a modo de ejemplo:

Marque la opción que más se adecúe a las características que prevalecieron a lo largo del curso

---

1. Las oportunidades que tuve para realizar preguntas en clase fueron:
   a. Frecuentes
   b. Regulares
   c. Escasas
   d. Muy escasas

---

2. El interés que mostró el formador respecto a los alumnos fue:
   a. Satisfactorio
   b. Regular
   c. Poco
   d. Muy pobre

---

3. El clima existente en el aula fue:
   a. Bueno
   b. Regular
   c. Tenso
   d. Malo

Continúa en página siguiente >>

<< Viene de página anterior

**Marque la opción que más se adecúe a las características
que prevalecieron a lo largo del curso**

4. En la prueba final se evaluaban los contenidos dados a lo largo del curso:
   a. Sí
   b. No

5. El material presentado en el curso fue:
   a. Original
   b. Poco original
   c. Nada original

6. Las actividades que realicé para asimilar los contenidos fueron:
   a. Útiles
   b. Regulares
   c. Pobres
   d. Inútiles

7. El contenido marcado para el curso se expuso en su totalidad:
   a. Sí
   b. No

8. El grupo de alumnos afectó a mi aprendizaje:
   a. De manera positiva
   b. De manera negativa
   c. No me afectó

9. El material audiovisual me pareció:
   a. Atractivo
   b. Regular
   c. Inadecuado

10. Los procesos, problemas y soluciones experimentados en el trabajo en grupo fueron:
    a. Bien planteados
    b. Regular planteados
    c. Mal planteados

11. Las exposiciones por parte del docente me parecieron:
    a. Buenas
    b. Regulares
    c. Malas

Continúa en página siguiente >>

<< Viene de página anterior

Marque la opción que más se adecúe a las características que prevalecieron a lo largo del curso

---

12. La actuación del profesor durante el curso evidenció:
    a. Un elevado conocimiento de la materia
    b. Un mediano conocimiento
    c. Un escaso conocimiento

---

13. El profesor supo controlar las conductas perturbadoras sucedidas a lo largo del curso de forma:
    a. Eficaz
    b. Regular
    c. Ineficaz

---

14. El ritmo que siguió el profesor al exponer los contenidos me pareció:
    a. Muy bueno
    b. Satisfactorio
    c. Monótono

---

15. La secuencia de presentación de los contenidos del curso fue:
    a. Lógica
    b. Regular
    c. Arbitraria

---

16. La actuación del profesor despertó interés y motivación:
    a. Muchas veces
    b. Algunas veces
    c. Pocas veces
    d. Ninguna vez

Evaluación realizada por el propio formador

En esta evaluación, el formador va a evaluar la preparación del curso, el desarrollo del mismo, y también realizará una evaluación propia de su actuación como formador.

En la siguiente tabla se muestra un cuestionario a modo de ejemplo:

Marque la opción que más se adecúe a las características que prevalecieron a lo largo del curso

A. PREPARACIÓN DEL CURSO

1. ¿Cómo ha sido el tiempo con el que ha contado?
   a. Suficiente
   b. Insuficiente

¿Por qué? _____

2. ¿Cómo considera la distribución de las sesiones del curso?
   a. Adecuadas
   b. Inadecuadas

¿Por qué? _____

3. ¿Ha dispuesto de las guías didácticas del curso?
   a. Sí
   b. No

¿Por qué? _____

4. ¿Ha dispuesto de los recursos necesarios para la preparación de sus sesiones?
   a. Sí
   b. No

¿Cuáles le han hecho falta? _____

5. Teniendo en cuenta su nivel de formación, ¿ha necesitado apoyo por parte de la dirección del curso?
   a. Sí
   b. No

¿Cómo ha sido el apoyo? _____

B. DESARROLLO DEL CURSO

6. ¿El desarrollo de las sesiones (distribución y tiempo) se ha correspondido con la planificación prevista?
   a. Sí
   b. No

7. ¿La metodología utilizada para el desarrollo de las sesiones ha propiciado la participación e implicación del alumnado?
   a. Sí
   b. No

¿Por qué? _____

Continúa en página siguiente >>

<< Viene de página anterior

Marque la opción que más se adecúe a las características que prevalecieron a lo largo de curso

---

8. ¿Considera que el clima del curso ha sido el adecuado?
   - a. Sí
   - b. No

   ¿Por qué? _____

9. ¿El contexto donde se ha desarrollado el curso ha sido adecuado y oportuno?
   - a. Sí
   - b. No

   ¿Por qué? _____

10. ¿Ha conseguido los objetivos propuestos?
    - a. Sí
    - b. No

    ¿Por qué? _____

C. AUTOEVALUACIÓN

11. Evalúe de 1 a 4 los siguientes apartados relacionados con su intervención como formador, donde:

    1. Considero imprescindible mejorar mi formación en este aspecto.
    2. Considero necesario mejorar mi formación en este aspecto.
    3. Cuento con recursos necesarios para el desarrollo ajustado del curso, pero podría encontrar dificultades si éste cambia el rumbo prefijado.
    4. Mi formación al respecto es adecuada y dispongo de recursos suficientes para el desarrollo óptimo del curso.

	1	2	3	4
Dominio de los contenidos				
Metodología/didáctica empleada				
Comunicación con el alumnado				
Trabajo en equipo				

D. AMPLIACIÓN

Puede anotar a continuación cualquier aportación que desee realizar y no haya sido considerada en este cuestionario.

_____

_____

11.6. Tipos de evaluación

Existen diferentes tipos de evaluación, cada una se aplicará atendiendo a diferentes criterios.

Según su finalidad o función de la evaluación

Diagnóstica

Esta evaluación, como su nombre indica, tiene un carácter diagnóstico, ya que permite que se conozcan las potencialidades del alumno. De esta manera, la actividad didáctica se dirige de forma más efectiva.

Formativa

Se utiliza como estrategia para mejorar y ajustar los procesos formativos en el momento que se están llevando a cabo, para alcanzar las metas y los objetivos marcados. La evaluación formativa es aplicable a la evaluación de procesos.

Sumativa

Se aplica a la evaluación de productos terminados, es decir, se sitúa concretamente cuando finaliza un proceso, cuando éste se considera acabado. Su propósito es determinar el grado en que se han conseguido los objetivos establecidos, para evaluar de forma positiva o negativa el resultado. Esta evaluación permite tomar medidas tanto a medio como a largo plazo.

Según el momento de aplicación de la evaluación

Inicial

Se produce al principio del proceso de enseñanza-aprendizaje. La función que tiene la evaluación inicial es identificar el nivel de conocimientos que tienen los alumnos que inician un curso y, de esta manera, comprobar si los alumnos cuentan con los conocimientos necesarios para comenzarlo, y determinar si es posible impartirlo de acuerdo al programa formativo o si se requiere alguna modificación.

Procesual

La evaluación procesual se basa en valorar, de forma continua, el aprendizaje de los alumnos y la enseñanza del profesor, a través de la recogida sistemática de datos, toma de decisiones, etc.

La evaluación procesual es totalmente formativa, ya que, al favorecer la recogida continua de datos, permite tomar decisiones en el mismo momento que se considere necesario.

Los resultados que se obtienen forman la base permanente para el formador a la hora de programar las actividades diarias, así como para establecer las actividades y los procedimientos más apropiados. De esta manera, se evitan las dificultades que se puedan producir en los aprendizajes que se están llevando a cabo. La finalidad de todo esto es evitar errores y vacíos en los aprendizajes posteriores.

Final

La evaluación final es aquella que se realiza al finalizar la formación, por lo tanto ésta recoge y valora los resultados obtenidos a lo largo de un periodo formativo.

Según su extensión

Global

Tiene en cuenta todos los elementos y procesos que guardan relación con todo lo que es objeto de evaluación. Por ejemplo, si se trata de evaluar el proceso de aprendizaje de los alumnos, esta evaluación se centra en todas las áreas en general, pero sobre todo en los diversos tipos de contenidos de enseñanza (conceptos, procedimientos, valores, normas, etc.).

Parcial

Esta evaluación no se realiza de manera global, sino que se lleva a cabo por partes, es decir, evalúa los componentes que más interesan.

Según los agentes que realizan la evaluación

Autoevaluación o evaluación interna

Es el proceso sistemático mediante el cual una persona o grupo examina y valora sus procedimientos, comportamientos y resultados, para identificar qué quiere corregir o modificar en él. La evaluación interna muestra que los alumnos están más motivados a la hora de realizar una tarea difícil. La puesta en práctica de la autoevaluación no conlleva que el profesorado abandone sus funciones, sino que implica una concepción diferente de la enseñanza.

La autoevaluación ofrece al estudiante ayuda para descubrir sus necesidades, cantidad y calidad de su aprendizaje, causas de sus problemas, dificultades y éxitos en el estudio. De esta manera, el alumno puede conocerse de manera más concreta.

Heteroevaluación o evaluación externa

La evaluación externa es realizada o llevada a cabo por otra persona que no es el protagonista del aprendizaje. En esta evaluación, lo más frecuente es que el profesor evalúe al alumno.

TIPOS DE EVALUACIÓN

Según su finalidad o función	- Diagnóstica - Formativa - Sumativa

---

Continúa en página siguiente >>

<< Viene de página anterior

TIPOS DE EVALUACIÓN

Según su momento de aplicación	- Inicial - Procesual - Final
Según su extensión	- Global - Parcial
Según los agentes que la realizan	- Autoevaluación o evaluación interna - Heteroevaluación o evaluación externa

Solucionarios de ejercicios de repaso y autoevaluación

Contenido

Solucionario 1
Organización y ejecución del montaje de instalaciones de climatización y ventilación-extracción

Solucionario Capítulo 1

1. Todos los planos serán confeccionados sobre papel en los formatos normalizados según UNE _____, e impresos de conformidad con las recomendaciones ISO y las normas UNE.

    a. 1-027-95.
    b. EN ISO 5457:2000.
    c. 50-104-94.
    d. 74105-1.

2. Los pasos que sirven como directivas de colocación suelen estar mencionados en...

    a. ... los esquemas de instalación.
    b. ... el manual del fabricante.
    c. ... el manual de usuario.
    d. Todas las opciones son correctas.

3. Los esquemas de instalaciones con multitud de líneas y de comentarios y realizados en un solo color favorecen...

    a. ... una fácil y segura compresión.
    b. ... tener toda la instalación en un solo plano.
    c. ... despistes y pérdida de tiempo.
    d. Todas las opciones son incorrectas.

4. En España, el órgano encargado de la elaboración de la normativa es AENOR.

5. En caso de ausencia de normas UNE, ¿cómo debe actuarse?

    a. No se podrá realizar el trabajo.
    b. Emplear las normas técnicas de cualquier otro país.
    c. Emplear las normas técnicas de otros países que sean parte del acuerdo del Espacio Económico Europeo.
    d. Todas las opciones son incorrectas.

6. **La memoria técnica se redactará sobre impresos, según modelo...**

    a. ... predefinido por la empresa instaladora.
    b. ... predefinido por la empresa de ingeniería que diseña la instalación.
    c. ... no importa el modelo, solo el contenido.
    d. ... del órgano competente de la Comunidad Autónoma.

7. **La siguiente imagen corresponde a...**

    a. ... compresor.
    b. ... soplador.
    c. ... interruptor.
    d. ... bomba de calor agua-agua.

8. **Los reglamentos son:**

    a. Referencias de consulta.
    b. Recomendaciones técnicas.
    c. Directrices arbitrarias.
    d. Especificaciones de obligado cumplimiento.

9. **Las normas son especificaciones que no tienen carácter de obligatoriedad.**

    ☑ **Verdadero**
    ☐ Falso

Solucionario Capítulo 2

1. **Complete el siguiente texto:**

La IT 1.2.4.6.4 (Climatización de espacios abiertos del RITE) indica: "la climatización de espacios abiertos solo podrá realizarse mediante la utilización de energías **renovables o residuales.** No podrá utilizarse energía convencional para la generación de **calor y frío** destinado a la climatización de estos espacios".

2. **Resuelva el crucigrama.**

	S	I	M	U	L	T	A	N	E	I	D	A	D	
F														
A		U												
N		N					4			F				
C	L	I	M	A	T	I	Z	A	D	O	R			
O		Z								E				
I		O								E				
L		N		F	I	L	T	R	A	C	I	Ó	N	
		A							O		C			
				A	M	O	N	Í	A	C	O		U	
									L		P			
									I		A			
	H	U	M	E	C	T	A	C	I	Ó	N		N	
	R								G		T			
			C	A	R	R	I	E	R		E			

3. Indique los elementos del climatizador.

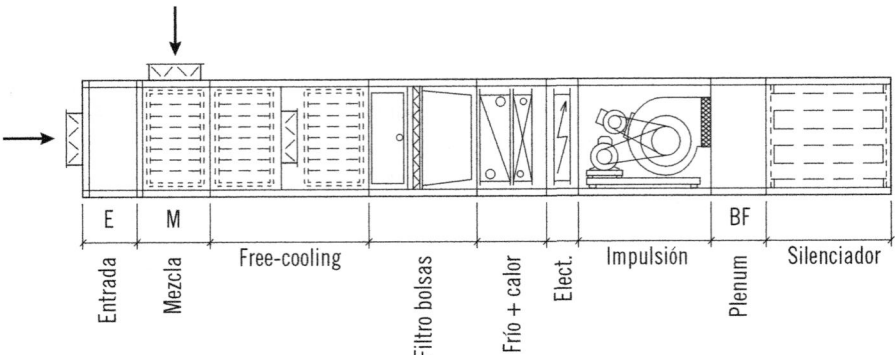

4. Describa el funcionamiento de una bomba de calor o enfriadora reversible.

Su principio de funcionamiento y composición es el de una enfriadora de agua convencional, pero su sistema de regulación y control y, a veces, la utilización de refrigerantes específicos, le permiten operar según la demanda de frío y/o calor y, normalmente, con temperaturas de condensación más altas.

Debido a su reducido tamaño y a que no requieren torre de refrigeración ni contacto con el exterior, resultan fáciles de incorporar en instalaciones existentes, con un coste relativo bajo, y tienen un alto rendimiento energético

5. Los sistemas de anillos energéticos funcionan...

        a. ... solo en modo frío.
        b. ... solo en modo calor.
        c. ... en modo frío y en modo calor.

6. Describa el sistema por inductores.

Inductores (aire-agua)

El aire tratado en un climatizador es inyectado a alta presión en los inductores, donde se cruza con el caudal secundario (proveniente del interior del local), la depresión provocada obliga a este último a atravesar la batería de frío o calor de la unidad terminal.

La relación entre aire primario y secundario (o inducido) es de 1/3 a 1/7 y se consigue mediante el empleo de válvulas de 3 vías, en el circuito hidráulico, en instalaciones de 2 o 4 tubos como en los fancoils, funciona tanto en modo frío como calor.

Generalmente, los inductores suelen estar situados perimetralmente sobre el suelo, impulsando el aire verticalmente hacia arriba. Aunque hacen un buen control de la temperatura y la humedad y se obtiene una buena calidad en el aire tratado, el sistema comienza a caer en desuso, pues son instalaciones inicialmente caras y más complejas y abultadas que los fancoils a igualdad de potencia.

7. **Describa los sistemas de paneles radiantes.**

Empleados en sistemas de calefacción, con ellos se consigue una distribución controlada y homogénea de la temperatura, sin provocar ruidos, ni ocupar espacio útil, pues se instalan bajo la solería de revestimiento y el forjado del mismo.

Sus inconvenientes pueden encontrarse en que no realizan una ventilación del aire ni controlan la humedad, pueden inferir en otras instalaciones (líneas de corriente, de ACS, etcétera) y, en casos extremos, provocan una concentración de calor excesiva, por lo que la norma aplicable fija su temperatura de funcionamiento por debajo de los 29 ºC.

Su aplicación en modo frío se desaconseja por su poca capacidad de emisión, pues existen limitaciones como la temperatura de rocío del aire o la convección entre suelo y aire.

8. **Realice el esquema de las instalaciones enfriadoras de líquidos.**

Las enfriadoras de líquidos emplean agua, salmuera, mostos, amoniaco, glicoles, etcétera.

Su esquema es el siguiente:

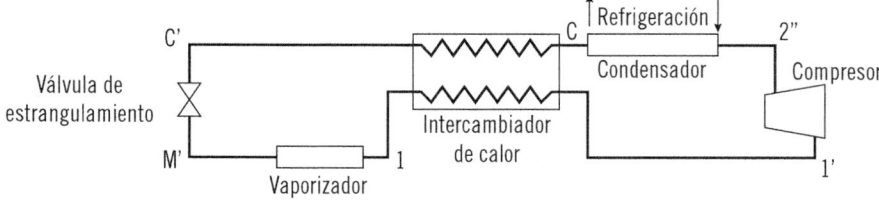

9. **Enumere los parámetros que describen un grado de confort aceptable.**

Los parámetros que favorecen un grado confort aceptable son:

- Control de la temperatura.
- Control de la humedad.
- Control de las velocidades de impulsión.
- Control de las direcciones del aire impulsado.
- Control de los ciclos de renovación del aire.
- Control de los focos de ruido y vibración.

10. **Enumere las características, ventajas e inconvenientes de los sistemas de climatización centralizados.**

Características:

- Pueden ser todo agua, todo aire o mixtas.
- Funcionan en modo frío principalmente; si se desea su función en modo calor requieren de sistemas auxiliares para generarlo (bomba de calor reversible, captadores solares, quemadores o resistencias).
- Se seleccionan en función de los parámetros de diseño para cubrir las demandas.
- Fabricantes especializados e instalaciones a medida.
- Son instalaciones complejas que requieren de una perfecta instalación y un estricto programa de mantenimiento.
- Su destino suele ser grandes edificios (centros comerciales, edificios de oficinas, etcétera).

Ventajas:

- Permiten la multizonificación.
- Máxima eficacia de la zonificación.
- Permiten controlar el consumo en cada estancia.
- El sistema continúa siendo relativamente simple.
- Con un buen diseño, requieren poco espacio interior.
- Por su constitución, requieren que la unidad exterior se ubique en un lugar específico para ella, generalmente una azotea donde la toma de aire limpio sea más fácil.
- Balances térmicos de recuperación más fáciles.
- Coste inicial relativamente bajo.
- Mejor control de ruidos.

Desventajas:

- El líquido condensado requiere ser evacuado de las instalaciones interiores.
- Limitación de distancia de los aparatos interiores respecto a la máquina exterior.
- Altos costes de mantenimiento.
- Al requerir grandes potencias, disparan el consumo de operación.
- Mal control de la humedad al iniciar su funcionamiento.
- Riesgo de intoxicación, por estancamiento de fluidos.
- Más expuesto a efecto medioambientales y agentes externos (corrosión, congelación, obturaciones, etcétera).

Solucionario Capítulo 3

1. **Enumere los objetivos del aprovisionamiento.**

   ■ Encontrar una fuente de suministro fiable y de calidad.
   ■ Minimizar los riesgos de variaciones en el precio.
   ■ Poder hacer frente a las variaciones de demandas generadas por los trabajos que son afrontados.
   ■ Alcanzar un flujo adecuado de materiales.
   ■ Agilizar los procesos de compra y venta de productos.
   ■ Establecer relaciones de protectorado de los proveedores y de fidelidad hacia los clientes.
   ■ En general, actuar hacia el establecimiento y difusión de los valores de la empresa (calidad, servicios, garantías, etcétera).

2. **Enumere al menos 10 materiales y herramientas generalmente usados en el ámbito de la climatización y la ventilación-extracción.**

   a. Marcadores, niveles y metros.
   b. Tubos y accesorios de unión para desagües de las unidades interiores y exteriores.
   c. Destornillador de punta plana y de estrella, grandes, pequeños y de precisión.
   d. Anemómetros, manómetros, termostatos y básculas de precisión.
   e. Brocas de pared de diferentes medidas y longitudes, con o sin coronas, desde 5 hasta 30 mm.
   f. Sierra de corte, tijera, cortatubos, cortafríos, etcétera.
   g. Detectores de fugas y recuperadores de refrigerante.
   h. Abocardador y ensanchador para tuberías, de diferentes diámetros, enderezadores de aletas (peine).
   i. Bomba de vacío.
   j. Máquina curvadora de tubos o muelle curvatubos de diferentes diámetros.

3. **Existen diferentes formas de curvar un perfil metálico circular. ¿Qué herramientas se usarían?**

   Muelles curvatubos

   Herramienta para realizar un curvado manual del tubo de cobre. Este sistema es el más sencillo para curvar tubos de cobre recocido o aluminio de diámetros entre 6 y 18 mm.

Curvatubos

Herramienta para el curvado manual en tubo de cobre, para el curvado de precisión hasta 180° de tubos de cobre recocido, latón y acero dulce. Incorpora una graduación para su correcto manejo.

Curvadora de una sola mano

Curva de forma manual y precisa tubos de cobre recocido, cobre revestido, aluminio, acero dulce y acero inoxidable de pared fina, hasta 90°.

Suele venir con una tenaza curvatubos, un soporte para tubos y hormas para diferentes diámetros, en un mismo kit.

Curvador eléctrico portátil

Curva de forma precisa y en frío hasta 180° de tubos de cobre recocido, rígido y revestido, acero dulce, aluminio, latón, acero inoxidable y tubos de polietileno multicapa, en diámetros que van desde los 12 a los 35 mm.

4. **Se emplea en tubos de cobre recocido, aluminio y latón; es la herramienta idónea para producir una deformación troncocónica con un ligero reborde en forma de arandela en la boca del tubo, de forma que, al unirlo al siguiente, exista un contacto completo y sin fisuras, para su posterior unión mediante racores herméticos o mediante soldaduras. Se trata de...**

        a. ... un expandidor.
        b. ... un escariador.
        c. ... un abocardador.
        d. ... un escanciador.

5. **Describa el funcionamiento de una bomba de vacío.**

Sirve para provocar el vacío en el interior del conducto, eliminando de este modo los incondensables y la humedad de su interior.

La humedad se ha de eliminar para evitar que las válvulas de expansión o el tubo capilar se obstruyan por un tapón de hielo. También para evitar la posibilidad de oxidación, corrosión y deterioro del refrigerante y del aceite.

Los incondensables (O2 y N2) se han de eliminar para evitar el aumento de la presión de condensación y la oxidación de los materiales.

El tiempo de vacío es función del volumen en m³/h de la bomba de vacío, el volumen de los tubos, el volumen del sistema y su tipo y el contenido de agua en el sistema, se considera que se ha alcanzado el vacío suficiente cuando el manómetro marca un valor negativo de entre 0,5 y 2 mbar y, tras apagar la bomba de vacío, dejar estanca la instalación y dejar pasar un tiempo prudencial (mínimo 1hora), el valor de vacío permanece constante.

6. En ocasiones, es necesario realizar soldaduras en las instalaciones de climatización. ¿Qué elementos son los más comunes a la hora de realizar estos trabajos?

- Alfombra ignífuga.
- Encendedor de seguridad.
- Equipo de oxibutano.
- Equipo oxiacetileno.
- Varillas de soldadura blanda, fuerte y decapantes.
- Sopletes a cartuchos.

7. Describa el sistema detección de fugas por luz ultravioleta.

Se realiza una carga de refrigerante al cual se le ha añadido un colorante. Posteriormente, se rastrea con la lámpara de luz ultravioleta todo el circuito y así se localizarán las posibles fugas.

8. Describa las ventajas de aplicar un sistema de gestión del aprovisionamiento.

- Incremento de la eficiencia, en general, de todos los procesos.
- Reducción del inventario.
- Inventarios más seguros.
- Aumento de los ingresos.
- Establecer un gasto fijo.
- Proteccionismos respecto a proveedores.
- Fiabilidad de productos y proveedores.
- Optimizar los volúmenes de compra.
- Previsión de ventas.
- Posibilidad de negociación de los precios.
- Centralización de pedidos.

9. Uno de los puntos clave en las operaciones de montaje es contrastar las mediciones originales con las finalmente necesarias, obteniendo de este modo el número de piezas necesarias para un buen acopio de materiales, metros de tubería de diferentes diámetros y los aislantes en caso necesario, n.º de codos de 45 y de 90°, empalmes, etcétera.

    ☑ **Verdadero**
    ☐ Falso

10. El Código Técnico de la Edificación en su Documento básico de protección frente al ruido DB-HR, establece que, para evitar la transmisión de vibraciones y ruidos nocivos, han de emplearse ciertos sistemas. ¿Cuáles son?

Realizar las bancadas necesarias para la colocación última de los equipos exteriores (de alfombrillas, de muelles, de suelo flotante).

Colocar el soporte para los elementos de distribución, tuberías o conductos de impulsión, de retorno, de desagüe, de alimentación eléctrica, etcétera.

Solucionario Capítulo 4

1. **Clasifique los diferentes modos en los que se puede generar calor.**

   Calor generado eléctricamente:

   ■ Por resistencia eléctrica.
   ■ Por bomba de calor (ciclo frigorífico inverso).

   Calor generado químicamente:

   ■ Por caldera de hidrocarburos, gases o sólidos.

   Calor generado naturalmente:

   ■ Por recuperación de calor.
   ■ Por geotermia.
   ■ Por energía solar.

2. **Describa brevemente y en orden lógico el funcionamiento de la unidad de tratamiento de aire para la climatización y la ventilación-extracción.**

   Entrada: aire exterior a la UTA.

   Filtrado e impulsión del aire a través de toda la UTA.

   Acondicionamiento: consiste en hacer pasar el aire por diferentes baterías intercambiadoras de calor (o resistencias eléctricas) y por una cámara de humectación o deshumidificación.

   Distribución: se retiran las gotas de agua líquida del aire acondicionado y se distribuyen por la planta para ser recogidas después y llevadas a la zona de recuperación.

   Mezcla de aire y recuperación: el caudal de aire se divide y parte es recirculado hacia a la zona de entrada, mientras que la otra parte, antes de salir, intercambia calor con el aire entrante, para minimizar las pérdidas y aumentar la eficiencia energética del sistema.

   Salida: finalmente, parte del aire tratado es recirculado otra vez al interior de la UTA y el resto es impulsado al interior del local, junto con una aportación de aire externo, para asegurar una buena ventilación del recinto.

3. Realice una clasificación de los tipos de depósitos de combustibles existentes en el mercado.

Clasificación de los depósitos de almacenamiento de combustibles

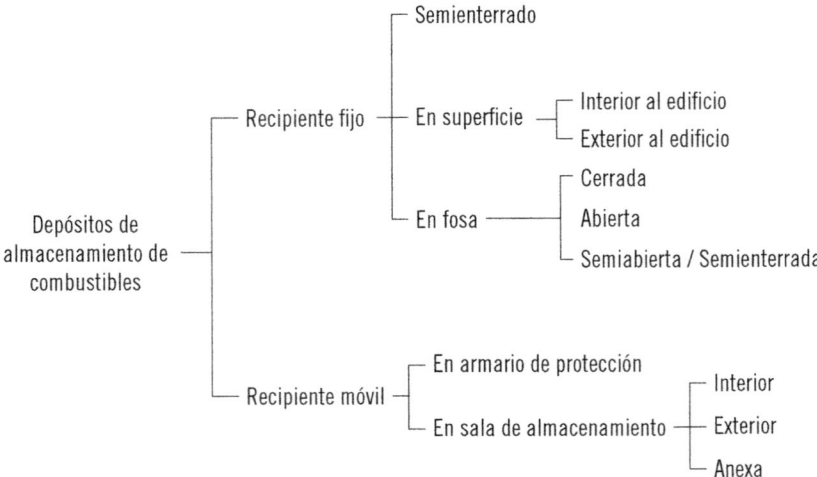

4. Los ventiloconvectores *(fancoils)* están compuestas básicamente por un intercambiador de calor y un ventilador.

      ☑ **Verdadero**
      ☐ Falso

5. El equilibrado de caudal en los circuitos hidráulicos es un factor fundamental. Si este no se consigue, ¿qué podría suceder en el sistema?

      a. No alcanzar el objetivo de confort térmico.
      b. Se produciría un consumo innecesario de energía.
      c. El aporte energético en cada estancia sería anormal.
      d. Problemas de medición, regulación, ruidos y erosión.

6. **Enumere las formas en las que se pueden proteger los sistemas eléctricos de un motor.**

Contra sobreintensidades:

▌ Relés térmicos.

Contra cortocircuitos:

▌ Relés magnetotérmicos.
▌ Relés electromagnéticos.
▌ Fusibles.

Contra contactos eléctricos indirectos:

▌ Interruptor diferencial.
▌ Puesta a tierra.
▌ Puesta a neutro.

7. **Enumere el orden que debe seguirse para la realización de un conducto de panel de sándwich.**

    a. Trazado.
    b. Corte.
    c. Encolado.
    d. Ensamble y encintado.
    e. Montaje de los perfiles de soportación.
    f. Colocación de refuerzos.

8. **¿Cómo se puede distribuir y dispersar el aire en el interior de un local?**

    a. Empujando el aire viciado del interior al exterior empleando un flujo de aire.
    b. Impulsando a nivel de suelo del local aire limpio y dejando escapar por la zona superior el aire viciado, de forma natural.
    c. Las opciones a y b son correctas.

9. ¿Cómo clasificaría las unidades de ventilación?

Según la forma de orientar el flujo de aire:

- Ventiladores axiales o helicoidales.
- Ventiladores radiales o centrífugos.

Según su función:

- Envolventes.
- Murales.
- De chorro.

10. Las válvulas de estrangulamiento siempre se deben situar en la impulsión de la bomba.

- a. Falso, si fuese así se produciría una caída de presión.
- **b. Verdadero, porque si fuesen colocadas a su aspiración podría darse lugar a cavitaciones en la bomba.**

Solucionario Capítulo 5

1. ¿Cuál de los siguientes es un método de fabricación de conductos de panel en sándwich?

    a. Método del tramo curvo.

    b. Método del tramo recto.

    c. Método de la tapa.

    d. Solo las opciones b y c son correctas.

2. ¿Puede emplearse una rejilla de retorno como puerta de inspección de una conducción de paneles?

    a. Sí.

    b. No.

3. ¿Cuál será el espesor que debe tener un depósito de agua caliente de 5 m^2?

El espesor será de al menos 50 mm.

4. Enumere al menos 7 materiales empleados para aislamiento térmico.

    a. Lana de roca: en mantas, paneles o coquillas.

    b. Lana de fibra de vidrio.

    c. Poliestireno extruido o expandido.

    d. Silicato de calcio.

    e. Espuma de poliuretano.

    f. Espuma elastomérica.

    g. Aglomerado de corcho.

5. ¿Qué ventajas presentan las uniones mediante polímeros de alta densidad resistentes a altas presiones?

    ▌ Resisten a la corrosión.

    ▌ No permiten deposiciones calcáreas.

    ▌ Más flexibles, atenúan de ruido y pesan poco.

    ▌ Montaje más simple y rápido.

■ Conducen grandes caudales permitiendo altas velocidades.

6. Clasifique las uniones mediante soldadura que se emplean en instalaciones de climatización y ventilación-extracción.

Soldadura heterogénea:

■ Blanda.
■ Fuerte: amarilla o de plata.

Homogénea:

■ Por resistencia eléctrica:

■ Por puntos o por costuras.

■ Por arco eléctrico:

■ En atmósfera normal, inerte o de hidrógeno.

7. ¿A qué se debe el uso de depósitos de expansión en instalaciones de climatización?

En las instalaciones de climatización en las que las tuberías y otros elementos empleados se caracterizan por su alta resistencia, un aumento de la presión interna debido a las dilataciones del líquido puede resultar catastrófico, por lo que se emplean depósitos de expansión que absorben el incremento de volumen de los fluidos durante su dilatación, sin tener que liberar al exterior parte de dicho fluido, conservando así la cantidad de líquido o gas.

8. ¿Dónde debe situarse el filtro separador de aceite en una instalación de aire acondicionado? ¿Y los filtros deshidratadores?

El filtro separador se sitúa entre la válvula de descarga del compresor y la entrada al condensador.

El filtro deshidratador se sitúa a la salida de la válvula de expansión, donde hay más posibilidades de que aparezca humedad.

9. **¿Qué objetivos se persiguen con la instalación de amortiguadores y placas antivibratorias en la elaboración de bancadas para equipos?**

Se busca conseguir los siguientes objetivos:

   a. Absorber las vibraciones durante el funcionamiento de la máquina.
   b. Mantener la máquina en su lugar para asegurar un correcto funcionamiento.
   c. Evitar que la máquina se vea afectada por aguas, salmueras, detergentes, ácidos o grasas derramadas en su entorno.
   d. Cambiar rápidamente de lugar la máquina si fuese necesario.
   e. Ahorrar tiempo de instalación.

10. **¿Sabría decir para que se emplea el elemento de la siguiente imagen?**

Se trata de una tubería o manguito antivibraciones, empleada para atenuar golpes de presión en las canalizaciones.

Solucionario Capítulo 6

1. ¿Cuáles son los componentes de un cable eléctrico?

   ▌ Conductor.
   ▌ Aislante.
   ▌ Relleno.
   ▌ Recubrimiento.

2. Indique algunos de los agentes externos que pueden afectar a las canalizaciones eléctricas.

   ▌ Temperatura ambiente.
   ▌ Fuentes de calor.
   ▌ Agua o condensaciones.
   ▌ Cuerpos sólidos.
   ▌ Sustancias corrosivas.
   ▌ Vibraciones e impactos.
   ▌ Fauna y flora.
   ▌ Efectos sísmicos y climatológicos.

3. ¿Qué objetivos persigue el reglamento electrotécnico de baja tensión REBT?

   ▌ Establecer las condiciones técnicas que preserven la seguridad de la instalación y sus usuarios.
   ▌ Cerciorarse del correcto funcionamiento de la instalación y prevenir anomalías.
   ▌ Contribuir a la fiabilidad de la instalación y a su rendimiento económico.
   ▌ El espesor será de al menos 50 mm.

4. El esquema de mando y señalización o secundario representa el control de los procesos y dispositivos que se hace mediante dispositivos de enclavamiento, de autorretención o temporizadores.

   ☑ **Verdadero**
   ☐ Falso

5. ¿Cuántas formas de encender motores pueden emplearse si estos son trifásicos?

I Arranque directo.
I Arranque por estrella-triángulo.
I Arranque por resistencias estatóricas.
I Arranque por autotransformador.
I Arrancador estático.
I Arranque por variador de frecuencia.

6. ¿Qué es el ICP de una instalación eléctrica?

El ICP o interruptor de control de potencia es un aparato que la empresa suministradora de energía eléctrica instala junto al cuadro general, según la potencia contratada, y que tiene como función cortar el suministro eléctrico en el caso en que se supere dicha potencia al conectar muchos aparatos simultáneamente, por lo que, para no ser manipulado por los usuarios, se encuentra precintado.

7. ¿De qué modo pueden trasmitirse las señales con las que trabajan las unidades automatizadas?

I Transmitiendo sus señales por medio de la instalación eléctrica de baja tensión.
I Transmitiendo sus señales por medio de cables específicos, tipo fibra óptica, cables coaxiales, etcétera.
I Transmitiendo sus señales a través de ondas de radio, tipo infrarrojos, ultrasonidos, red de teléfono, etcétera.

8. Enumere al menos 7 de las ventajas de emplear sistemas PLC.

a. No requieren elaborar esquemas ni emplear excesivos materiales, lo que abarata el proyecto.
b. Cuadros eléctricos más simples.
c. Menor coste de mantenimiento de la instalación.
d. Disminuyen el número de contactos eléctricos.
e. Mayor fiabilidad del sistema.
f. Permiten la autogestión y la determinación de averías.
g. Un solo programa puede gestionar multitud de máquinas y equipos.

9. ¿Para qué sirven los dispositivos mostrados en la siguiente imagen?

Son dispositivos electromecánicos o finales de carrera que, al detectar que se acercan al final del recorrido del mecanismo sobre el que se montan, conmutan un circuito, parando el mecanismo o indicando que se inicie otra operación.

10. ¿Qué características destacan de los autómatas programables?

- Son de fácil ubicación.
- Son compatibles con multitud de captadores.
- Pueden conectarse a PC para su gestión o trabajar de forma autónoma.
- Permiten autodiagnósticos.
- Funcionan ininterrumpidamente y de forma fiable.
- Almacenan información.
- Pueden disponer de pantalla táctil de bajo consumo.
- Pueden constar de una fuente de alimentación de emergencia.

Puesta en marcha y regulación de instalaciones de climatización y ventilación-extracción

Solucionario Capítulo 1

1. Seleccione un sinónimo de fluido frigorígeno:

    a. Aceite frigorífico.
    b. Refrigerante.
    c. Hidrocarburo fluorado.
    d. Halógeno.

2. ¿Qué fluido frigorígeno es una mezcla zeotrópica?

    a. R-134a
    b. R-502
    c. R-410
    d. R-717

3. ¿Cuántos átomos de hidrógeno tiene el R-134a?

    a. 2
    b. 1
    c. 3
    d. 4

4. Indique si es verdadera o falsa la siguiente afirmación:

    a. Las mezclas de refrigerantes están constituidas por varios refrigerantes puros que no reaccionan entre sí. Estas mezclas pueden ser de dos tipos, zeotrópicas y azeotrópicas.

        ☑ **Verdadera**
        ☐ Falsa

5. **Complete el siguiente texto:**

La clasificación de las **mezclas** de refrigerantes, cuya inflamabilidad y **toxicidad** pueden variar debido a cambios de **composición** por fraccionamiento, se les asignará una doble **clasificación** de grupo separada por una barra oblicua.

6. **Enumere 4 de las características más importantes de los gases refrigerantes.**

   1. **Toxicidad.**
   2. **Inflamabilidad.**
   3. **Explosividad.**
   4. **Posibilidad de detección de fugas.**
   5. Temperatura de ebullición.
   6. Temperatura de congelación.
   7. Temperatura crítica.
   8. Presión de condensación.

7. **El PAO mide...**

   a. ... la concentración media de refrigerante permitida en un recinto cerrado.
   b. **... el potencial de agotamiento de la capa de ozono.**
   c. ... el límite de inflamabilidad del fluido frigorígeno.
   d. ... el potencial de recalentamiento del planeta.

8. **El PCA mide...**

   a. ... la concentración media de refrigerante permitida en un recinto cerrado.
   b. ... el daño que el fluido frigorígeno hace a la capa de ozono.
   c. ... el límite de inflamabilidad del fluido frigorígeno.
   d. **... el potencial de calentamiento atmosférico del planeta.**

9. **Al realizar cualquier operación con fluidos frigorígenos se debe tener en cuenta...**

   a. ... el refrigerante que se introduzca en el sistema debe ser medido.
   b. ... los envases se deben poner al sol para que el fluido entre mejor en el equipo.

c. ... tras la finalización de llenado o vaciado del sistema se debe retirar el envase de fluido frigorígeno.

d. **Las opciones a y c son correctas.**

10. **Los fluidos frigorígenos siempre serán manipulados por:**

a. **Personal profesional habilitado en plantilla.**

b. Personal frigorista de la empresa.

c. Fontanero contratado por obra y servicio.

d. Mozo de almacén.

Solucionario Capítulo 2

1. **La función principal del aceite refrigerante es:**

   a. Formar películas protectoras anticorrosivas en el evaporador.
   b. **Lubricar las superficies, generalmente metálicas, en movimiento del circuito.**
   c. Fundirse con el refrigerante para no obstaculizar ningún elemento del circuito frigorífico.
   d. Tener un alto índice de fluidez para que no se congele en el condensador.

2. **Indique las siglas que identifican a cada lubricante.**

   a. Aceite mineral: **OM**
   b. Alquilbencénico: **AB**
   c. Polioléster: **POE**
   d. Polialquilglicol: **PAG**

3. **Los aceites refrigerantes minerales sintéticos se clasifican en...**

   a. ... POE, PAG y Parafínicos.
   b. ... alquibencénicos, Polioléster y Parafínicos.
   c. **... alquibencénicos, Polioléster y Polialquilglicoles.**
   d. ... alquibencénicos, POE, Parafínicos.

4. **Enumere, al menos, cuatro características propias de los aceites refrigerantes.**

   ▌ Viscosidad e índice de viscosidad.
   ▌ Punto de congelación aparente.
   ▌ Punto de escurrimiento.
   ▌ Punto de floculación.
   ▌ Índice de neutralización.
   ▌ Rigidez dieléctrica.
   ▌ Punto de inflamación.
   ▌ Punto de combustión.
   ▌ Estabilidad a la oxidación.

▌ Tendencia a la corrosión.
▌ Contenido de humedad.
▌ Contenido en materias sólidas.
▌ Untuosidad.
▌ Peso específico.
▌ Color.

5. Indique si la siguiente afirmación es verdadera o falsa.

a. Los aceites minerales son compatibles con todo tipo de refrigerantes.

☐ Verdadera
☑ **Falsa**

6. Complete el siguiente texto.

La viscosidad es la propiedad que tienen los fluidos de **oponerse** a las deformaciones tangenciales, debido al pequeño **rozamiento** existente entre capas adyacentes del líquido. La miscibilidad es la capacidad de formar una mezcla **homogénea** que tiene dos o más líquidos cuando están contenidos en un **recipiente**.

7. El punto de congelación aparente también se llama...

a. ... punto de ebullición.
b. ... punto de fluidez.
c. ... punto de floculación.
d. ... punto de Stokes.

8. Un buen refrigerante debe tener el punto de inflamación...

a. ... inferior a 150°.
b. ... superior a 120°.
c. ... superior a 150°.
d. ... inferior a 120°.

9. La tendencia a la corrosión indica...

    a. ... el contenido de ácidos grasos libres que tiene el refrigerante.
    b. ... el contenido de agua que tiene en su composición el refrigerante.
    c. ... la cantidad de cuerpos extraños insolubles.
    d. ... el contenido de azufre del refrigerante.

10. La miscibilidad del aceite refrigerante es la capacidad de formar una mezcla...

    a. ... homogénea con dos o más fluidos.
    b. ... heterogénea con dos o más líquidos.
    c. ... homogénea con dos o más sólidos.
    d. ... heterogénea con dos o más sólidos.

Solucionario Capítulo 3

1. **Indique si es verdadera o falsa la siguiente afirmación:**

   a. Las pruebas hidráulicas se realizan para comprobar que un recipiente soportará la presión deseada.

      ☑ **Verdadera**
      ☐ Falsa

2. **La función principal de la realización de vacío es:**

   a. Favorecer el funcionamiento con niveles altos de humedad.
   b. Buscar fugas en el circuito frigorífico.
   c. **Eliminar restos de humedad y de aire de la instalación.**
   d. Introducir aire en la instalación para buscar fugas.

3. **Indique si es verdadera o falsa la siguiente afirmación:**

   a. La realización de vacío siempre se hace después de la carga de refrigerante para evitar fugas en el circuito.

      ☐ Verdadera
      ☑ **Falsa**

4. **Indique si es verdadera o falsa la siguiente afirmación:**

   a. Los gases refrigerantes nunca se deben transportar en envases sobrecargados.

      ☑ **Verdadera**
      ☐ Falsa

5. **A la hora de manipular los gases refrigerantes hay que tener en cuenta que...**

   a. ... pueden producir vapores ácidos en contacto con una llama.
   b. ... deben de manejarse en locales bien ventilados.

c. ... en contacto con la piel pueden producir quemaduras por enfriamiento.

d. **Todas las opciones son correctas.**

6. **Indique si es verdadera o falsa la siguiente afirmación:**

a. Si no se conoce la carga de refrigerante que lleva la instalación, esta se puede determinar estudiando el subenfriamiento y sobrecalentamiento del fluido refrigerante en el interior del circuito.

☑ **Verdadera**
☐ Falsa

7. **Indique qué instrumento que emplearía para medir la siguientes magnitudes:**

1. Humedad: **psicrómetros e higrómetros.**
2. Presión: **manómetro.**
3. Temperatura: **sondas y termómetros.**
4. Caudal: **caudalímetro.**

8. **Ante una corriente de aire con una velocidad de 0,12 m/s, las personas suelen reaccionar...**

a. ... con quejas por el aire estancado.

b. ... desfavorablemente, ya que se vuelan los papeles.

c. ... favorablemente, pero con reservas.

d. **... favorablemente. Ideal.**

9. **Indique si es verdadera o falsa la siguiente afirmación:**

a. Los sonómetros están compuestos de un micrófono, una unidad de procesamiento y otra de lectura, proporcionando una indicación del nivel acústico.

☑ **Verdadera**
☐ Falsa

10. Complete el siguiente texto:

Los equipos de climatización se instalarán sobre soportes **antivibratorios** elásticos o sobre **bancadas** de inercia, dependiendo de su tamaño.

Solucionario Capítulo 4

1. Al modificar la sección de un conducto con caudal constante...

    a. ... la velocidad aumenta al aumentar la sección.
    b. ... la velocidad no varía porque el caudal es el mismo.
    c. ... la velocidad aumenta al disminuir la sección.
    d. ... la velocidad disminuye al disminuir la sección.

2. Para medir la velocidad en el interior de un conducto...

    a. ... se deben realizar al menos 3 mediciones si los conductos son circulares.
    b. ... se deben realizar al menos 2 medidas si los conductos son rectangulares.
    c. ... se deben realizar al menos 4 mediciones si los conductos son circulares.
    d. ... se deben realizar al menos 4 medidas si los conductos son rectangulares

3. Las condiciones interiores de temperatura operativa son:

    a. Entre 23-25 °C en invierno.
    b. Entre 21-23 °C en invierno.
    c. Entre 21-25 °C en invierno.
    d. 23 °C en verano e invierno.

4. El recuperador de calor permite ahorrar en energía de calefacción...

    a. ... un 15 %.
    b. ... un 30 %.
    c. ... un 45 %.
    d. ... entre un 15 y un 30 %.

5. Enumere tres tipos de presión que se pueden encontrar dentro de un conducto:

    a. Presión estática.
    b. Presión dinámica.
    c. Presión total.

6. **Indique si es verdadera o falsa la siguiente afirmación:**

   a. La presión dinámica es la que acelera el aire desde cero a la velocidad de régimen.

      ☑ **Verdadera**
      ☐ Falsa

7. **Complete el siguiente texto:**

   En las mediciones de presión hay que conocer si el conducto trabaja en compresión (con el ventilador **empujando** el aire hacia el conducto) o en **depresión** (con el ventilador aspirando el aire del conducto), ya que las medidas serán diferentes. En las instalaciones de **extracción** hay que comprobar que la presión de succión del ventilador es la suficiente para mover el caudal por el interior del conducto y expulsarlo al exterior.

8. **En el sistema de flujo por desplazamiento...**

   a. **... el aire es introducido sin impulso.**
   b. ... el aire introducido se mezcla completamente con el del ambiente
   c. ... el aire es introducido con impulso
   d. ... el aire se desplaza de un lado a otro del local.

9. **¿Cómo se miden las velocidades de impulsión en los difusores circulares?**

   Hay que tocar el difusor en cada anillo par tomar la lectura de velocidad y hallar la media.

10. **¿Qué sensor se emplea para medir las vibraciones causadas por los componentes de la instalación?**

    a. Sonómetros.
    b. **Sensores de vibraciones.**
    c. Manómetros.
    d. Anemómetros.

Solucionario Capítulo 5

1. Los sistemas de control son:

   a. Los encargados de mantener las variables de una instalación.
   b. Elementos sensibles a la variable controlada.
   c. Receptores de información procedente de los sensores.
   d. Dispositivos que reciben las órdenes del órgano de mando.

2. Los dispositivos encargados de ejecutar las órdenes que reciben del órgano de mando son:

   a. Sensores.
   b. Detectores.
   c. Sondas.
   d. Actuadores.

3. Indique si es verdadera o falsa la siguiente afirmación:

   a. El tubo Bourdon basa su funcionamiento en un tubo enrollado, cerrado por un extremo, que tiende a enderezarse cuando por el otro extremo del tubo se le aplica una presión.

      ☑ **Verdadera**
      ☐ Falsa

4. ¿Cuál de los siguientes es un tipo de sensor de caudal?

   a. Bulbo con refrigerante interior.
   b. Fuelles metálicos.
   c. Molinetes.
   d. Sensores higroscópicos.

5. **Complete el siguiente texto:**

Los sensores de calidad de aire más usuales son los **sensores de CO_2 y CO,** que son productos que se expulsan al respirar ya que son nocivos para el cuerpo, y los sensores **de iones** en el aire.

6. **Enumere 3 dispositivos de mando.**

      a. Termostatos.
      b. Presostatos.
      c. Higrostatos.

7. **Los servomotores son:**

      a. Válvulas que abren o cierran el caudal de una tubería.
      b. **Motores eléctricos empleados para accionar los elementos mecánicos de la instalación.**
      c. Compuertas para el ajuste del caudal de aire.
      d. Contactos que se activan por medio de una señal eléctrica.

8. **Los dispositivos actuadores consistentes en contactos que se activan por medio de una señal eléctrica de baja intensidad son:**

      a. Válvulas de tres vías.
      b. Compuertas de regulación de caudal.
      c. Compuertas de sobrepresión.
      d. **Contactores y relés.**

9. **El punto de consigna es el valor...**

      a. ... real de la variable controlada.
      b. **... fijado por el órgano de mando.**
      c. ... fijado por la variable controlada.
      d. ... de la variable leída de manera continua.

10. **La primera verificación que hay que realizar al sistema eléctrico para la puesta en marcha de la instalación es:**

    a. Prueba de resistencia de puesta a tierra.
    b. Prueba de continuidad eléctrica.
    c. Inspección visual.
    d. Prueba de rigidez dieléctrica.

Solucionario Capítulo 6

1. ¿Qué elemento está relacionado con el grado de bienestar y satisfacción de las personas?

    a. La temperatura ambiental.
    b. El confort ambiental.
    c. El ruido ambiental.
    d. La humedad ambiental.

2. En invierno, a mayor velocidad del viento, mayor sensación de...

    a. ... humedad.
    b. ... calor.
    c. ... frío.
    d. ... bochorno.

3. El límite superior de la zona ocupada es:

    a. 0,60 m.
    b. 1,10 m
    c. 1,70 m.
    d. 2,00 m.

4. Indique si es verdadera o falsa la siguiente afirmación:

    a. La sensación térmica es el término usado para describir el grado de inco-
    modidad que un ser humano siente como resultado de la combinación de
    la temperatura y el viento en invierno, y de la temperatura, la humedad y
    el viento en verano.

        ☑ **Verdadera**
        ☐ Falsa

5. **Complete el siguiente texto:**

La humedad aumenta la sensación de **bochorno**, una sudoración continua y una falta de transpiración del **organismo**. Si la humedad es **elevada**, el valor de la sensación térmica excede al de la temperatura del aire.

6. **¿Qué tres parámetros hay que controlar en la zona ocupada?**

   a. Temperatura.
   b. Humedad.
   c. Velocidad del aire.

7. **El ruido se transmite en todas las direcciones del espacio...**

   a. **... en esferas concéntricas.**
   b. ... en círculos concéntricos.
   c. ... siempre con la misma potencia.
   d. ... en línea recta.

8. **La medida de caudales de agua se realiza con...**

   a. ... contadores de membrana.
   b. ... contadores de pistones rotativos.
   c. ... contadores de turbina.
   d. **... contadores ultrasónicos.**

9. **La información para un correcto uso de la instalación se le entrega al titular en...**

   a. ... una ficha técnica del aparato.
   b. **... un manual de uso y mantenimiento de la instalación.**
   c. ... un certificado de la instalación.
   d. ... un proyecto o memoria técnica.

10. Según el RITE, la memoria técnica se presentará...

a. ... para instalaciones mayores de 70 kW, en el órgano competente de la comunidad autónoma.

b. ... para instalaciones mayores de 5 kW y menores de 70 kW, en el órgano competente de la provincia.

c. ... para instalaciones mayores de 70 kW, en el órgano competente de provincia.

d. ... para instalaciones mayores de 5 kW y menores de 70 kW, en el órgano competente de la comunidad autónoma.

Prevención de riesgos y gestión medioambiental en instalaciones de climatización y ventilación-extracción

Solucionario Capítulo 1

1. ¿Por qué modelos organizativos puede optar una empresa de 300 trabajadores que no se dedica a una actividad especialmente peligrosa?

    a. El empresario puede asumir la prevención o puede designar a varios trabajadores.

    b. El empresario debe constituir un servicio de prevención propio.

    c. El empresario puede constituir un servicio de prevención propio o concertar la prevención con un servicio de prevención ajena.

    d. El empresario puede constituir un servicio de prevención propio, puede designar a varios trabajadores o concertar la prevención con un servicio de prevención ajena.

2. ¿Cuál es el índice de incidencia de una empresa de 150 trabajadores que en el último año ha sufrido 10 accidentes de trabajo con baja?

    a. 6.667

    b. 0,067

    c. 15

    d. 1.500.000

3. ¿Quién es el responsable de seguridad e higiene de las condiciones de trabajo?

    a. Los poderes públicos.

    b. Los empresarios.

    c. Los trabajadores.

    d. Los trabajadores y los empresarios.

4. ¿Qué se debe hacer con los riesgos, en primer lugar, si es posible?

    a. Evaluarlos

    b. Protegerse de ellos

    c. Eliminarlos

    d. Atenuarlos

5. ¿Qué organismo público tiene como función vigilar el cumplimiento de la normativa sobre prevención de riesgos laborales, proponiendo a la autoridad laboral competente la sanción correspondiente, cuando comprobase una infracción?

   a. El Instituto Nacional de Seguridad y Salud en el Trabajo.
   b. La Fundación para la Prevención de Riesgos Laborales.
   c. La Comisión Nacional de Seguridad y Salud en el Trabajo.
   d. La Inspección de Trabajo y Seguridad Social.

6. ¿Qué organismo público tiene como función el asesoramiento técnico en la elaboración de la normativa legal?

   a. El Instituto Nacional de Seguridad y Salud en el Trabajo.
   b. La Fundación para la Prevención de Riesgos Laborales.
   c. La Comisión Nacional de Seguridad y Salud en el Trabajo.
   d. La Inspección de Trabajo y Seguridad Social.

7. El trabajo es:

   a. Exclusivamente un beneficio para el trabajador.
   b. Un beneficio para el trabajador, aunque a veces pueda producir ciertos daños.
   c. Exclusivamente un perjuicio para el trabajador.
   d. Un perjuicio para el trabajador, aunque a veces pueda producir ciertos beneficios.

8. Un hombre camina, como todos los días, hacia su trabajo y, cruzando un paso de peatones, es atropellado por un ciclista, lo que le produce ciertas lesiones. ¿Cuál de las siguientes afirmaciones es verdadera?

   a. No es un accidente de trabajo, porque el responsable es claramente el ciclista.
   b. No es un accidente de trabajo, porque no ocurre en el trabajo.
   c. Es un accidente de trabajo *in itinere*.
   d. Es un accidente de trabajo como cualquier otro.

9. **¿A quién no se aplica la Ley de Prevención de Riesgos Laborales?**

    a. A los funcionarios.

    b. A todos los trabajadores cuya relación laboral está regulada por el Estatuto de los Trabajadores.

    c. A los trabajadores de las cooperativas.

    d. A las empleadas de hogar.

10. **Para que una enfermedad sea considerada profesional...**

    a. ... debe estar incluida en una lista de enfermedades profesionales.

    b. ... debe estar originada exclusivamente por el trabajo.

    c. ... debe haberse contraído en el trabajo.

    d. ... debe ser diagnosticada por el médico de la mutua.

Solucionario Capítulo 2

1. Una mujer que trabaja en una empresa de mensajería transporta habitualmente cargas. ¿Qué límites de carga recomienda la guía técnica?

    a. 25 kg en general.
    b. 15 kg para mujeres, trabajadores jóvenes o mayores.
    c. 5 kg en general.
    d. 40 kg para trabajadores sanos y entrenados.

2. Señale la afirmación correcta en el almacenamiento de objetos sin paletizar.

    a. Se almacenarán, preferiblemente, en estanterías, colocando las materias más pesadas en la parte superior.
    b. Las pequeñas piezas hay que almacenarlas en cajas o contenedores.
    c. Los tubos o materiales de forma redondeada han de apilarse necesariamente en capas sin separar ni sujeción.
    d. Las cajas o recipientes de capacidad igual o inferior a 50 l no se pueden almacenar contra la pared o en forma piramidal.

3. ¿Qué lesiones puede ocasionar una inadecuada iluminación, tanto por defecto como por exceso?

    a. Cansancio, fatiga visual, dolor de cabeza, irritabilidad, mareos, accidentes.
    b. Cáncer de córnea.
    c. Glaucoma (caracterizado por el aumento de la presión intraocular), dureza del globo del ojo, atrofia de la papila óptica y ceguera.
    d. No ocasiona lesiones.

4. ¿Qué temperatura debe haber en una oficina para que los trabajadores conserven el equilibrio térmico a lo largo de la jornada?

    a. En trabajos sedentarios que se realicen en lugares cerrados, la temperatura debe estar comprendida entre 17 y 27 ºC.
    b. En trabajos ligeros, ha de estar entre 14 y 25 ºC.

    c. Por debajo de 14 ºC.

    d. El hombre necesita para mantener su organismo a una temperatura media de unos 37 ºC que la temperatura del lugar de trabajo esté en torno a los 30 ºC.

5. **Juan trabaja en una empresa de climatización y, en ocasiones, manipula líquidos refrigerantes y otros productos químicos. ¿Sabría decirle cuáles son las vías de entrada en el organismo de los agentes químicos que manipula en su trabajo?**

    a. Digestivas y parenterales.

    b. Respiratorias y dérmicas.

    c. Respiratorias, dérmicas, digestivas y parenterales.

    d. Los agentes químicos no pueden entrar en el organismo humano.

6. **Señale la afirmación correcta para cualquier máquina con independencia de su fecha de construcción.**

    a. Debe tener un dispositivo de parada de emergencia.

    b. Debe tener un selector de modos de mando.

    c. Debe tener un temporizador de parada.

    d. Debe tener un dispositivo de puesta en marcha y uno de parada normal.

7. **¿Cuál de las siguientes no es una medida preventiva de carácter general frente al riesgo eléctrico?**

    a. Evitar el uso de alargaderas.

    b. Evitar el uso de regletas con varias bases de enchufe.

    c. No manipular elementos eléctricos en ambientes húmedos.

    d. No realizar en ningún caso operaciones con equipos eléctricos.

8. **Para que se produzca un incendio, es necesario...**

    a. ... combustible, comburente y calor.

    b. ... combustible, comburente y fuego.

    c. ... combustible, comburente, fuego y reacción en cadena.

    d. ... combustible, comburente, calor y reacción en cadena.

9. **En referencia al uso de los extintores para la extinción de incendios, señale la afirmación correcta.**

    a. Cualquiera puede usarlos, por eso están en todos sitios.
    b. Su utilización no presenta ningún riesgo.
    c. **Lo ideal es tener una formación teórica y práctica sobre su uso.**
    d. Solo pueden utilizarlos los bomberos.

10. **¿Cuál de los siguientes factores no influye en las consecuencias del paso de la electricidad por el organismo?**

    a. La resistencia y la tensión.
    b. **La potencia de la instalación.**
    c. La capacidad de respuesta del accidentado.
    d. La intensidad y el tiempo.

Solucionario Capítulo 3

1. Un hombre, trabajador de la construcción, sufre un accidente laboral, al levantar del suelo una pesada losa de mármol, lo que le produce un esguince lumbar. ¿De qué tipo de accidente se trata en función de la forma?

   a. 71: Sobresfuerzo físico sobre el sistema musculoesquelético.
   b. 72: Exposición a radiaciones, ruido, luz o presión.
   c. 73: Trauma psíquico.
   d. 79: Otro contacto conocido del grupo 7 no mencionado anteriormente.

2. En la evaluación primaria de un accidentado se debe...

   a. ... examinar, avisar y proteger (EAP).
   b. ... avisar, tranquilizar y beber (ATB).
   c. ... proteger, avisar y socorrer (PAS).
   d. ... señalizar, avisar y proteger (SAP).

3. ¿Qué empresas han de disponer obligatoriamente de locales de primeros auxilios?

   a. Empresas con más de 100 trabajadores o más de 50 cuando lo determine la autoridad laboral.
   b. Empresas con más de 250 trabajadores o más de 100 cuando lo determine la autoridad laboral.
   c. Empresas con más de 25 trabajadores o más de 5 cuando lo determine la autoridad laboral.
   d. Empresas con más de 50 trabajadores o más de 25 cuando lo determine la autoridad laboral.

4. ¿Qué infracción comete el empresario por no analizar las situaciones de emergencia y adoptar las medidas necesarias en primeros auxilios?

   a. Infracción leve.
   b. Infracción grave.
   c. Infracción muy grave.
   d. No comete infracción.

5. ¿Qué tipo de quemadura produce el contacto con un ácido?

   a. Termal.
   b. **Química.**
   c. Eléctrica.
   d. Radiaciones.

6. En las maniobras de RCP, el ritmo de ventilaciones y compresiones ha de realizase a razón de...

   a. ... 10 compresiones, 1 insuflación.
   b. ... 15 compresiones, 3 insuflaciones.
   c. **... 30 compresiones, 2 insuflaciones.**
   d. ... 30 compresiones, 3 insuflaciones.

7. El accidente que puede ser controlado y dominado de forma sencilla y rápida por el personal y medios de protección del centro de trabajo se denomina...

   a. **... conato de emergencia.**
   b. ... emergencia parcial.
   c. ... emergencia general.
   d. ... urgencia.

8. ¿Qué empresas deben disponer obligatoriamente de un Plan de autoprotección?

   a. Todas las empresas a tenor de lo dispuesto en el artículo 20 de la LPRL.
   b. **Todas las empresas a las que le sea de aplicación la Norma básica de autoprotección.**
   c. Todas las empresas con más de 25 trabajadores.
   d. No es un documento obligatorio.

9. La manera de transmitir información a los trabajadores y a los usuarios y visitantes de las instalaciones, de forma permanente, es por medio de...

   a. ... señal acústica.
   b. ... discursos.
   c. **... carteles.**
   d. ... octavillas.

10. Una máxima al prestar primeros auxilios es:

 a. **Hacer solo lo indispensable.**
 b. Hacer todo lo evitable.
 c. Hacer solo lo innecesario.
 d. Hacer solo lo excusable.

Solucionario Capítulo 4

1. Al ejecutar los trabajos de instalación, montaje o mantenimiento de instalaciones de climatización y ventilación, ¿qué riesgos tienen especial incidencia?

    a. Riesgo eléctrico.
    b. Riesgo por exposición al amianto, en edificios construidos entre 1965-1985.
    c. Riesgo de incendio.
    d. Todas las opciones son correctas.

2. Cuando algunas partes de un andamio no estén listas para su utilización...

    a. ... no deberá existir ninguna señalización de advertencia.
    b. ... deberán contar con señales de advertencia de peligro general.
    c. ... los andamios, para ser utilizados, han de ser inspeccionados previamente por el representante legal de la empresa.
    d. Todas las opciones son correctas.

3. ¿Qué patología pueden producir los humos de soldadura?

    a. Fiebre reumática.
    b. Fiebre de Malta.
    c. Fiebre del vapor metálico.
    d. Todas las opciones son incorrectas.

4. Para comprobar el cumplimiento del sistema de gestión medioambiental, las empresas deberán...

    a. ... realizar pruebas objetivas escritas a sus trabajadores que les permitan comprobar sus conocimientos en legislación medioambiental.
    b. ... desarrollar un programa de auditoría medioambiental.
    c. ... el sistema no necesita ser comprobado, basta con el compromiso de la organización.
    d. Todas las respuestas anteriores son incorrectas.

5. ¿Es siempre el impacto medioambiental algo negativo para el medioambiente?

    a. Sí.

    b. No, si se decide repoblar un monte o reintroducir una determinada especie en un ecosistema, se estudia el impacto ambiental que tendrá y, si se valora positivamente, se hace.

    c. La mayoría de las veces.

    d. Nunca.

EMAS

Gestión ambiental
verificada
REG. NO.

6. ¿Cuál es el significado del símbolo de la imagen?

    a. Refrigerante no perjudicial para la capa de ozono.

    b. Refrigerante no perjudicial para el medio ambiente.

    c. Que la empresa tiene implantado un sistema de gestión medioambiental según la norma ISO 14000.

    d. Que la empresa tiene implantado un sistema de gestión medioambiental.

7. Para conocer el potencial de calentamiento global de un gas refrigerante, se debe consultar el siguiente valor...

    a. ... COP.

    b. ... TEWI.

    c. ... ODP.

    d. ... GWP.

8. El programa de mantenimiento de una instalación de más de 70 kW debe establecer una revisión de unidades terminales agua-aire con una periodicidad 2t, lo que significa...

   a. ... dos veces al año.
   b. ... dos veces por temporada, una al comienzo y otra a la mitad.
   c. ... una vez por temporada.
   d. ... dos veces al mes.

9. De los átomos componentes de un gas refrigerante CFC, ¿cuáles destruyen el ozono atmosférico?

   a. El cloro.
   b. El flúor.
   c. El carbono.
   d. El cloro y el flúor.

10. En los trabajos de soldadura, el exceso de oxígeno, que es un comburente, en el aire, ¿qué peligro implica?

   a. El exceso de oxígeno no implica peligro alguno.
   b. Para evitar el peligro de incendio, se recomienda ventilar con oxígeno.
   c. Riesgos de electrocución.
   d. Peligro de incendio.

Solucionario 4
Mantenimiento preventivo de instalaciones de climatización y ventilación-extracción

Solucionario Capítulo 1

1. **Defina los siguientes conceptos:**

Croquis: son representaciones gráficas que se realizan a mano alzada sin el empleo de elementos auxiliares, estando compuestos por diferentes vistas.

Dibujo técnico: se trata de croquis desarrollados atendiendo a la simbología y a la normalización adecuada. Disponen de un cajetín en la parte inferior donde se registrarán los datos identificativos del dibujo, tendrán una determinada escala y deberán ir acotados.

Dibujo ilustrativo: son dibujos de tipo artístico que ofrecen una representación casi fotográfica.

Bocetos: son imágenes iniciales en torno a una idea determinada, con dibujos que se realizan a mano alzada.

2. **Indique el nombre de cada uno de los siguientes símbolos.**

1.		Batería calentamiento con agua caliente	2.		Torre de enfriamiento
3.		Compresor de tornillo	4.		Compresor alternativo hermético
5.		Conjunto motor compresor a pistón	6.		Condensador por agua multipolar horizontal o vertical
7.		Evaporador tipo placa	8.		Condensador por agua de inmersión

3. **Dibuje los símbolos correspondientes de los siguientes dispositivos:**

- Evaporador (enfriador de aire de convección forzada).
- Condensador de aire por convección forzada con conductos distribuidores.
- Evaporador multitubular tubos en horquilla.
- Condensador de lluvia.
- Batería de calentamiento eléctrica.
- Motor compresor alternativo hermético.
- Conjunto motor compresor rotativo (acoplamiento directo).
- Compresor alternador con carácter cerrado.

Evaporador (enfriador de aire de convección forzada).		Batería de calentamiento eléctrica.	
Condensador de aire por convección forzada con conductos distribuidores.		Motor compresor alternativo hermético.	
Evaporador multitubular tubos en horquilla.		Conjunto motor compresor rotativo (acoplamiento directo).	
Condensador de lluvia.		Compresor alternador con carácter cerrado.	

4. En la normativa se establecen los distintos tipos de planos que se deben realizar.
Complete el siguiente cuadro:

PLANO	CONTENIDO
Plano de situación	Referido al planteamiento vigente, con referencia a puntos localizables y con indicación del norte geográfico.
Plano de emplazamiento	Justificación urbanística, alineaciones, retranqueos, etc.
Plano de urbanización	Red viaria, acometidas, etc.
Plantas generales	Acotadas, con indicación de escala y de usos, reflejando los elementos fijos y los de mobiliario cuando sea preciso para la comprobación de la funcionalidad de los espacios.
Planos de cubiertas	Pendientes, puntos de recogida de aguas, etc.
Alzados y secciones	Acotados, con indicación de escala y cotas de altura de plantas, gruesos de forjado, alturas tota-les, para comprobar el cumplimiento de los requisitos urbanísticos y funcionales.
Planos de estructura	Descripción gráfica y dimensional del sistema estructural. En lo relativo a la cimentación se incluirá su relación con el entorno inmediato y el conjunto de la obra.
Planos de instalaciones	Descripción gráfica y dimensional de las redes de cada instalación, plantas, secciones y detalles.
Planos de definición constructiva	Documentación gráfica de detalles constructivos.
Memorias gráficas	Indicación de soluciones concretas y elementos singulares: carpintería, cerrajería, etc.

5. Identifique y ponga nombre a los siguientes diagramas

A.

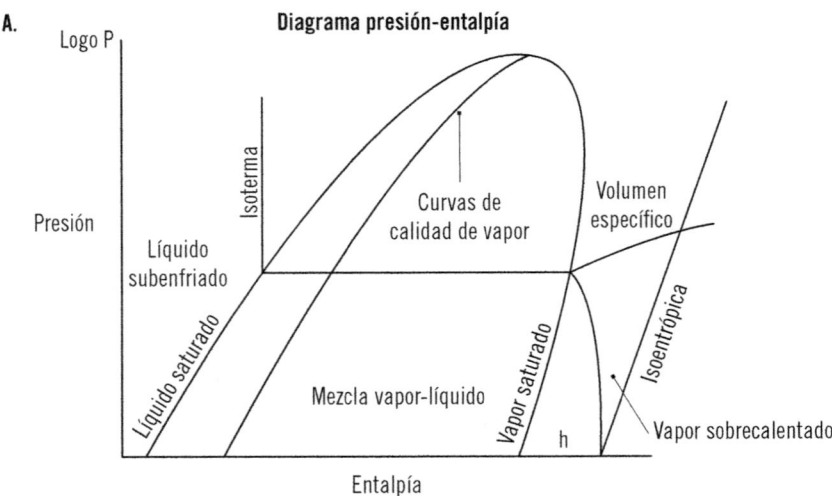

B.

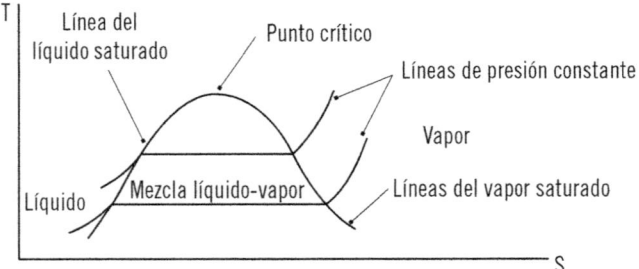

C.   **Diagrama psicométrico de Molier**

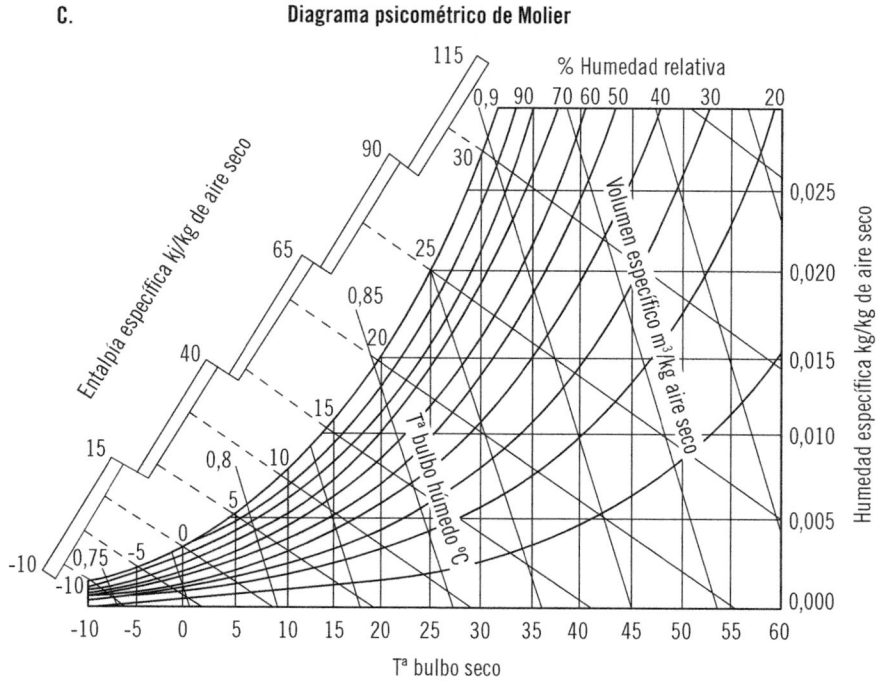

6. Enumere las fases de la estructura básica de un informe.

    a. Presentación
    b. Introducción
    c. Desarrollo/Hallazgos/Metodología/Resultados
    d. Conclusiones y Recomendaciones
    e. Anexos

7. Indique qué documentos conforman un proyecto técnico.

    a. Memoria
    b. Planos
    c. Pliego de condiciones
    d. Presupuesto

8. Dibuje un esquema de principio básico, que contenga al menos 3 elementos claramente identificados.

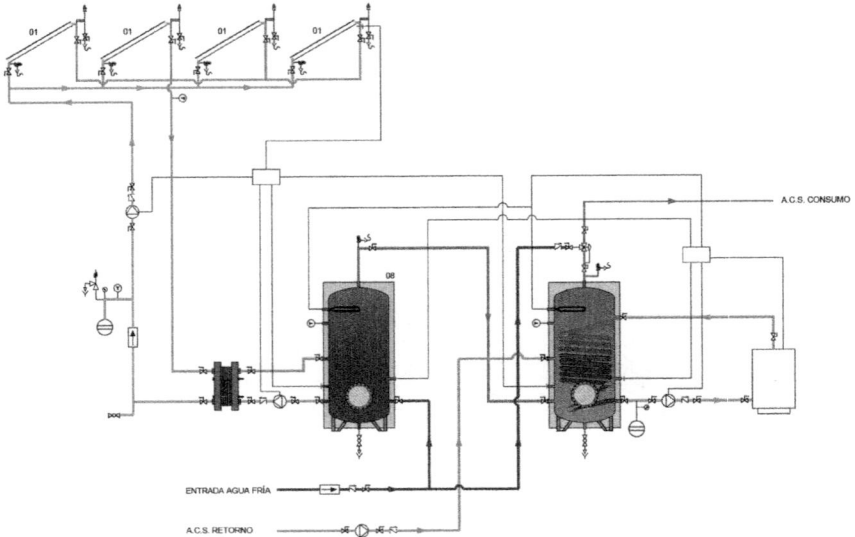

9. Dibuje un esquema unifilar básico, con al menos 3 circuitos.

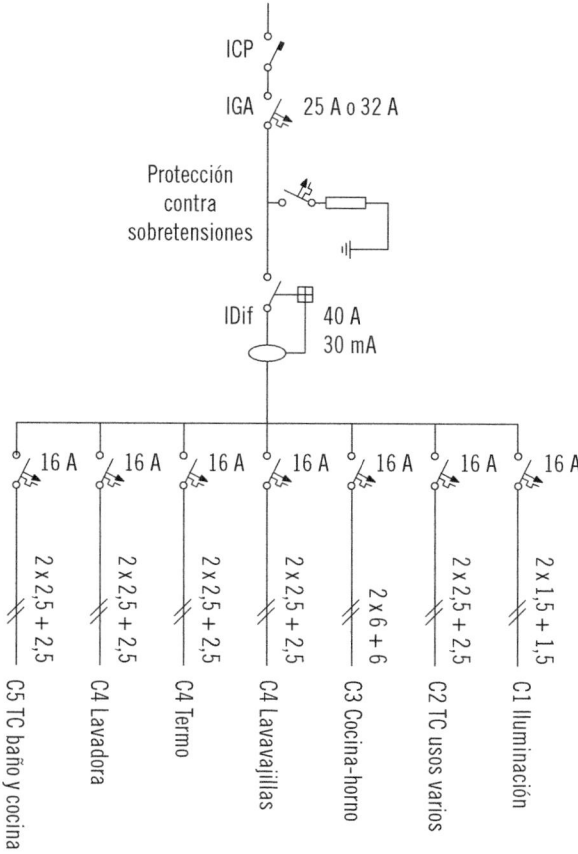

10. Nombre los principales Reales Decretos que regulan el mantenimiento de las instalaciones térmicas y las guías recomendadas.

    a. El R. D. 1027/2007 de 20 de julio, por el que se aprueba el Reglamento de Instalaciones Térmicas en los Edificios.

    b. Instituto Nacional de la Seguridad y Salud en el Trabajo, GUIA 0.9 Instalaciones Térmicas para la Diversificación y Ahorro de la Energía (IDAE), Guías de ahorro y eficiencia energética en climatización.

Solucionario Capítulo 2

1. **Enumere distintos componentes por los que puede estar formado un equipo básico de mantenimiento preventivo.**

    1. Bancos de trabajo.
    2. Escaleras de tijera, 3 metros de altura.
    3. Minidesbarbadora.
    4. Bomba de presión.
    5. Equipos de medida.
    6. Elevador hidráulico.
    7. Carretilla transportadora hidráulica.

2. **Indique el nombre de cada una de las siguientes imágenes.**

	Tipos de brocas		Pistola de masilla
	Formatos de destornilladores		Pistola de cola térmica
	Grapadora eléctrica		Tijeras de cortar chapa

3. **Identifique y ponga nombre a las partes de la siguiente imagen.**

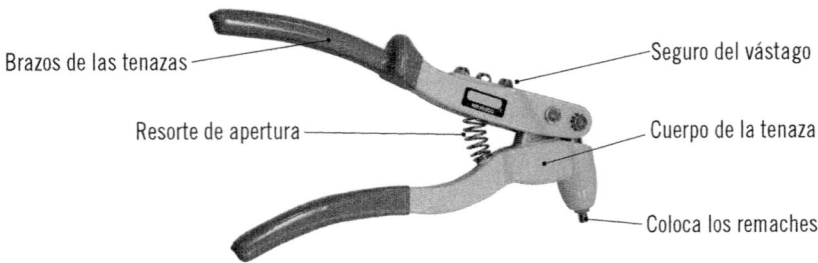

Brazos de las tenazas

Resorte de apertura

Seguro del vástago

Cuerpo de la tenaza

Coloca los remaches

4. **Enumere en la siguiente tabla las averías más frecuentes en el sistema eléctrico.**

- Un fusible fundido. Se produce al bajar la tensión y subir la intensidad
- El corte de cables. Por la falta de apriete, vibraciones o quemado del contacto
- Un fallo del clixon. Debido a una sobrecarga continuada
- Una sobretensión. Esta puede provocar la ruptura del transformador de tensión del circuito de control, del varistor, y a veces daños en todo el equipo eléctrico de protección y control (placa electrónica)
- Un defecto a tierra. Se genera por la humedad de algún componente eléctrico o por falta de aislamiento
- Ventiladores cortados o quemados
- Bobinas cortadas
- Condensador cortocircuitado
- Contactos quemados
- Termostatos con contactos quemados
- Compresor quemado o con bobina cortada

5. **Enumere las operaciones de mantenimiento semestrales y anuales establecidas en el RITE.**

Revisión Semestral

- Revisión de equipos autónomos.
- Revisión de sistema de control automático.
- Revisión de unidades terminales de agua.
- Revisión de unidades terminales de distribución de aire.
- Revisión y limpieza de aparatos de recuperación de calor.
- Revisión y limpieza de los filtros de agua.

Revisión Anual

- Comprobación estanqueidad de circuitos de distribución.
- Limpieza de los condensadores.
- Limpieza de los evaporadores.
- Revisión de baterías de intercambio térmico.
- Revisión del estado del aislamiento térmico.
- Revisión y limpieza de unidades de impulsión y retorno de aire.

6. Las operaciones mínimas de limpieza que se deben registrar en el plan de trabajo son:

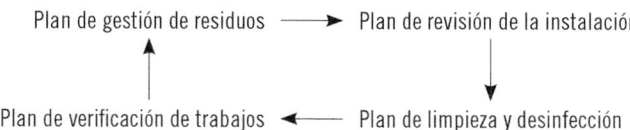

7. Enumere los pasos a seguir para realizar el mantenimiento de las máquinas que componen una instalación de climatización.

1. Identificar los elementos de las máquinas.
2. Seleccionar los útiles para hacer los reglajes y ajustes.
3. Desmontar y arreglar elementos.
4. Comprobar las prescripciones dimensionales y de estado de las superficies funcionales.
5. Verificar las superficies, los dentados, excentricidades, etc.
6. Montar y preparar cada elemento.
7. Verificar el acoplamiento y las condiciones funcionales operativas.
8. Reglar y poner a punto.
9. Comprobar el funcionamiento.

8. ¿Cada cuánto tiempo habría que revisar un calentador de ACS a gas, con una potencia nominal de 45,5 kW?

Cada 2 años en viviendas y anual en el resto de los casos

9. ¿Qué productos se utilizan para la limpieza y desinfección de una torre de refrigeración?

Biocidas, como por ejemplo el cloro.

10. ¿A qué temperatura prolifera la legionela?

35° a 37°.

Solucionario Capítulo 3

1. **Enumere los lugares donde se ha de realizar la limpieza en las instalaciones de climatización.**

   1. Conducciones de impulsión
   2. Conducciones de retorno
   3. Tomas de aire
   4. Difusores
   5. Rejillas
   6. Elementos intermedios

2. **Complete la tabla de frecuencias de evaluación de los sistemas de climatización establecida en la norma UNE.**

Uso del edificio	UTA	Redes de Conductos
Industrial	1 año	1 año
Residencial	1 año	2 años
Oficinas	1 año	1 año
Comercial	1 año	2 años
Sanitario y usos especiales	6 años	1 año
Restauración	1 año	1 año
Multiuso	1 año	1 año

3. **Enumere en las características de los aceites de refrigeración.**

   - Carecer de materia en suspensión.
   - No generar espuma.
   - Tener miscibilidad con los refrigerantes.
   - No tener compuestos de azufre.
   - Carecer de humedad.
   - No crear depósitos de cera cuando el sistema se encuentre a baja temperatura.

- Conservar su viscosidad a temperaturas elevadas.
- Disponer de estabilidad térmica y química.
- Alta capacidad dieléctrica.
- No contener ácidos corrosivos.
- Conservar la fluidez a baja temperatura.
- No formar depósitos de carbón al contacto con superficies calientes del sistema de climatización.

4. **Escriba cuáles son las herramientas y aparatos necesarios en los procesos de carga y recuperación del gas refrigerante.**

Carga:

- Manómetro
- Termómetro
- Báscula

Recuperación:

- Recuperador de gas refrigerante
- Puente de manómetros de tres puertos
- Envase/botella de recuperación

5. **Complete en la siguiente tabla los colores relacionados con los gases refrigerantes y el sistema comparativo Pantone.**

N.º de refrigerante	Color	Sistema comparativo Pantone (2)
R-11	Naranja	021
R-12	Blanco	---
R-13	Azul claro / Banda azul oscuro	2975
R-22	Verde	352
R-123	Gris claro	428
R-134a	Azul claro	2975

Continúa en página siguiente >>

<< Viene de página anterior

N.º de refrigerante	Color	Sistema comparativo Pantone (2)
R-401a	Rojo rosado	177
R-401b	Amarillo café	124
R-402a	Café claro	461
R-402b	Verde aceituna	385
R-404a	Naranja	021
R-407c	Gris	---
R-500	Amarillo	109
R-502	Morado claro	251
R-503	Azul verde	3268
R-507	Marrón	167
R-717	Plata	877

6. ¿Cuáles son las diferentes operaciones de mantenimiento preventivo de fugas en instalaciones de climatización?

REVISIÓN DE	Aislamiento de conductos y tuberías Estado de los dilatadores de comprensión de las tuberías Tramos visitables de fugas de aire acondicionado y en redes de agua Pinturas Compuertas cortafuegos
VERIFICACIÓN DE	Órganos de cierre Rejillas y difusores de impulsión y de retorno Rejillas y compuertas de aire exterior
INSPECCIÓN DE	Uniones flexibles en los conductos de chapa Estado de los antivibradores
POSIBLES DILATACIONES	
POSICIÓN DE LOS SOPORTES	

7. Enumere distintos sistemas de seguridad frente a sobrepresiones

▌ Discos de ruptura
▌ Alivios de presiones
▌ Válvulas de seguridad

8. Para la detección de fugas en una instalación de climatización, ¿qué cuatro sistemas se pueden emplear?

Los cuatro sistemas son:

▌ Lámpara de rayos ultravioleta. Se trata de un sistema que se aplica normalmente en ausencia de luz. Es un sistema que consiste en introducir en el circuito una mezcla de un compuesto de tipo orgánico con aceite. Su aplicación va a permitir detectar fugas de hasta 7 g/año.
▌ Lámpara halógena. Se trata de un detector de fuga portátil y fácil de utilizar, que posee un diodo emisor de luz, un diodo de halógeno. Se trata de un método de alta sensibilidad, que puede detectar fugas muy pequeñas, de 5-10 cm³/s.
▌ Agua jabonosa. Este método se utiliza principalmente en zonas exteriores, ya que el viento no le afecta. Es un sistema sencillo que consiste en utilizar agua mezclada con jabón, esta mezcla se va untando con un pincel o mediante pulverizaciones en las zonas susceptibles de presentar fugas.
▌ Detector electrónico. Se trata de un equipo electrónico que emite una señal de tipo sonoro al detectar una fuga en el sistema.

9. Complete el siguiente esquema de un reciclado de paso simple:

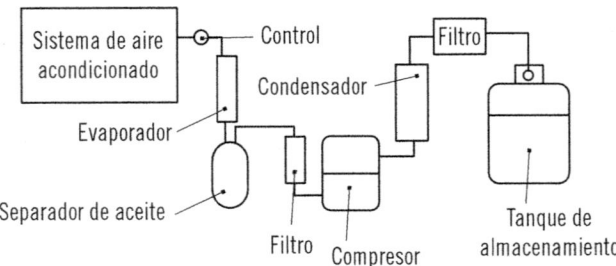

10. Determine el significado de las siguientes siglas:

- UTA - **Unidad de Tratamiento del Aire**
- CFC - **Clorofluorocarbonados**
- HCFC - **Hidroclorofluorocarbonos**
- HVAC&R - *Heating, Ventilation, Air Conditioning and Refrigeration*
- EPA - *Environmental Protection Agency* (Agencia de Protección Ambiental)
- psi - *Pounds per square inch* (Libras por pulgada cuadrada)
- ARI - **Instituto Americano de Refrigeración**
- DOT - *Departament Of Transportation* (Departamento de Transportes)
- PAO - **Potencial de Agotamiento del Ozono**

Solucionario Capítulo 4

1. **Identifique cada uno de los siguientes aparatos de medida e indique cuál es su función.**

	Voltímetro. Mide la tensión o voltaje del circuito		Pinza amperimétrica. Mide la intensidad
	Higrómetro eléctrico. Mide el grado de humedad		Tacómetro. Mide la velocidad de giro de un eje

2. **Ponga nombres a cada uno de los elementos de la siguiente imagen:**

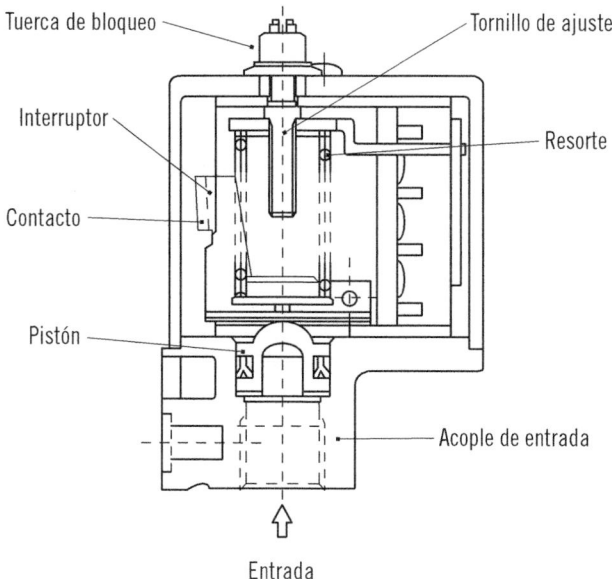

Tuerca de bloqueo

Tornillo de ajuste

Interruptor

Resorte

Contacto

Pistón

Acople de entrada

Entrada

3. **Relacione las imágenes con su nombre.**

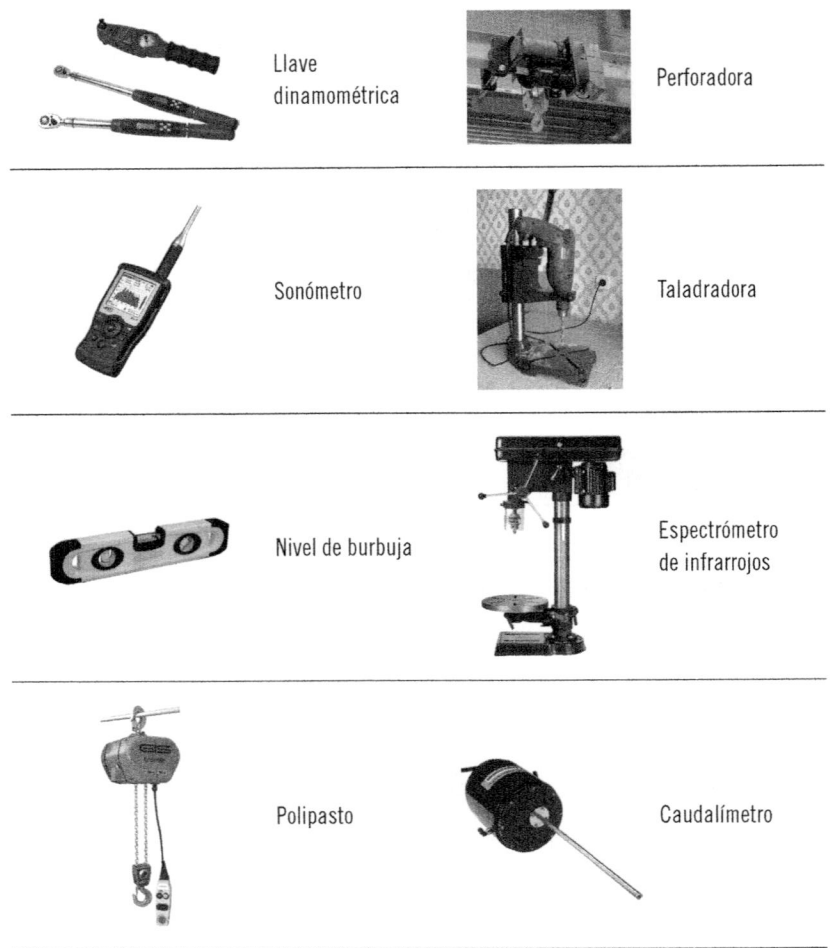

Llave dinamométrica

Perforadora

Sonómetro

Taladradora

Nivel de burbuja

Espectrómetro de infrarrojos

Polipasto

Caudalímetro

4. **Enumere algunos de los materiales más usuales en las instalaciones de ventilación-extracción.**

I Acoplamiento GAS-SAE.
I Botes de espuma de poliuretano para sellar huecos.
I Bridas de nailon.
I Cinta térmica para forrar accesorios y empalmes.
I Coquilla.

- Embocaduras de impulsión.
- Embocaduras de retorno.
- Filtro deshidratador.
- Pintura en spray para remates y ralladuras.
- Rollo de manguera eléctrica.
- Rollos de tubería de cobre.
- Rollos de tubería de PVC.
- Soportes para unidades exteriores.
- Teflón.
- Tubería de cobre.
- Varilla de soldar cobre-cobre.
- Varilla de soldar cobre-plata.

5. **Complete la siguiente tabla con las operaciones de mantenimiento requeridas para el correcto funcionamiento de los sistemas de ventilación-extracción.**

Ventiladores y extractores	
Comprobación de:	Estado y tensión existente de las correas de transmisión.
	Adecuado apriete de las bornas de conexión eléctrica.
	Existencia de alguna holgura anormal en el eje.
	Estado del aislamiento eléctrico.
	Comprobación de la rotación de las turbinas, verificando que estas giran de manera libre y suave.
	Estado de los anclajes, así como de las vibraciones.
	Desgaste de los cojinetes.
Revisión del estado de la pintura	
Lubricación de los rodamientos, cuando fuera necesario	
Comprobación y ajuste de alineación del grupo	

Continúa en página siguiente >>

<< Viene de página anterior

Ventiladores y extractores	
Ajuste y verificación de:	Acoplamientos y su alineación.
	Conexión de la puesta a tierra.
	Estado del ventilador.
	Térmicos y diferenciales.
Comprobación de la inexistencia de ruidos extraños. Anotación de intensidad de cada una de las fases y comprobación con nominal	
Limpieza de las palas o álabes, cuando fuera necesario	

6. **Enumere los factores que pueden provocar que se dispare la protección de máxima intensidad de la instalación.**

Factores que provocan la avería:

- Arranque del motor monofásico defectuoso.
- Aspiración o descarga de aire obstruidas.
- Bajo voltaje.
- Bobina de máxima intensidad de capacidad distinta al consumo del motor.
- La bomba de circulación no funciona.
- Cojinetes no lubricados o desgastados.
- Interruptor de máxima intensidad defectuoso.
- Mala circulación de aire.
- Masa o cortocircuito en bobinado motor.
- Motor pequeño.
- Sobrecarga y calentamiento del motor.
- Tubos taponados de cal o suciedad.
- Válvula de descarga parcialmente cerrada.
- El ventilador no funciona correctamente.

7. **¿Cuáles son las causas que pueden ocasionar fallo en el compresor?**

- Excesiva presión de aspiración.
- Excesiva presión de condensación.

I Suciedad o revestimiento de cobre en rodamientos del compresor.
I Devanados del motor en cortocircuito.

8. Indica qué se debe tener en cuenta si el consumo de corriente es elevado.

El compresor funciona demasiado tiempo, existe avería mecánica en el compresor o en el accionamiento, el motor es defectuoso.

9. ¿Qué documento sigue las prescripciones del IT 3 del RITE?

I Programa de funcionamiento.

10. Enumere los diferentes tipos de sistemas de limpieza de conductos.

I Cepillado rotativo.
I Aire a presión.
I Robotizado.
I Desinfección por ultravioletas.
I Desinfección mediante químicos.
I Desinfección con peróxido de hidrógeno.

Solucionario Capítulo 5

1. **En las instalaciones se pueden localizar diferentes tipos de agua. Describa las características de cada una de ellas.**

   ▌ **Aguas incrustantes:** su tendencia es a crear depósitos y diversas capas de carbonato cálcico e hidróxido de magnesio. Esto origina una considerable disminución del diámetro interior de los conductos.

   ▌ **Aguas agresivas:** este tipo de aguas no suele generar depósitos en el interior de las instalaciones, pero causa un debilitamiento y aumenta la posibilidad de porosidad o fisuras en los elementos que están en contacto directo.

   ▌ **Aguas corrosivas:** son aquellas que tienen predisposición a reaccionar en contacto con el metal y, por consiguiente, a generar su oxidación.

2. **Determine qué circunstancias se originan cuando:**

   a. El evaporador tiene exceso de refrigerante.

   Esto provoca un gran subenfriamiento y una bajada de presión muy rápida.

   b. El condensador tiene exceso de refrigerante.

   Se produce un subenfriamiento elevado y un aumento considerable de la presión del lado de alta.

   c. Al evaporador le falta refrigerante.

   Ocasiona un recalentamiento alto, así como la aparición de una presión baja.

   d. Al condensador le falta refrigerante.

   El condensador sufre una alta presión muy baja al condensarse rápidamente el refrigerante.

3. **Con respecto a la pérdida de carga. Complete la siguiente tabla:**

Forma del conducto	+ circular = - pérdida
Material del conducto	+ rugosidad = + pérdida
Velocidad del aire	+ velocidad = + pérdida

4. **Determine los diferentes problemas que presentan los conductos de aire y alguna posible solución con respecto a:**

▌ Suciedad
▌ Corrosión
▌ Destrucción por humedad
▌ Ruidos

▌ **Suciedad.** Este elemento se va acumulando en su interior y requiere una limpieza adecuada. Los procedimientos se realizan utilizando robots dirigidos con cepillos o con aspiradoras colocadas en una boca. Tras aplicar el procedimiento se precisa una desinfección con un bactericida mediante proyección en el interior del conducto.

▌ **Corrosión.** Puede generar desgarros o perforaciones en los conductos debido a la oxidación en ambientes húmedos. Se puede evitar pintando la chapa con pinturas especiales.

▌ **Destrucción por humedad.** Este factor ataca al aglomerante de las fibras, aumentando el peso y el conducto se agrieta o se desmorona. Esta circunstancia se puede solucionar si se evita la retención de la humedad residual o se ajustan correctamente los conductos, entre otras soluciones.

▌ **Ruidos.** Normalmente, se generan por piezas sueltas que precisan ser reapretadas o, por el cierre excesivo de alguna boca de salida que requiere una disminución del caudal de impulsión o mediante un by-pass en el equipo. Otras causas del ruido pueden ser el exceso de velocidad del aire o el estrangulamiento u obstáculos interiores.

5. Establezca a qué corresponde cada uno de estos esquemas relacionados con la bomba de calor:

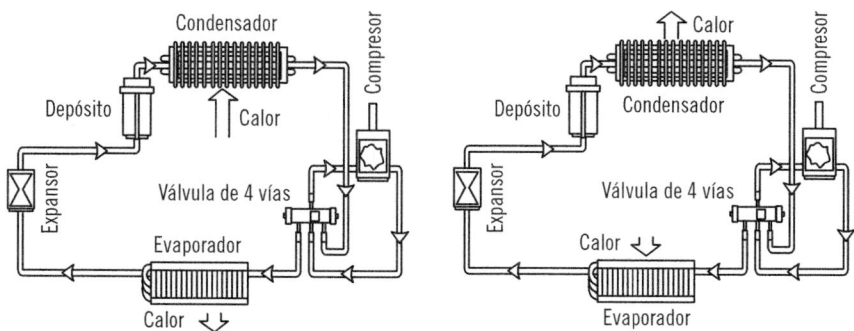

a. Ciclo de calefacción   b. Ciclo de refrigeración

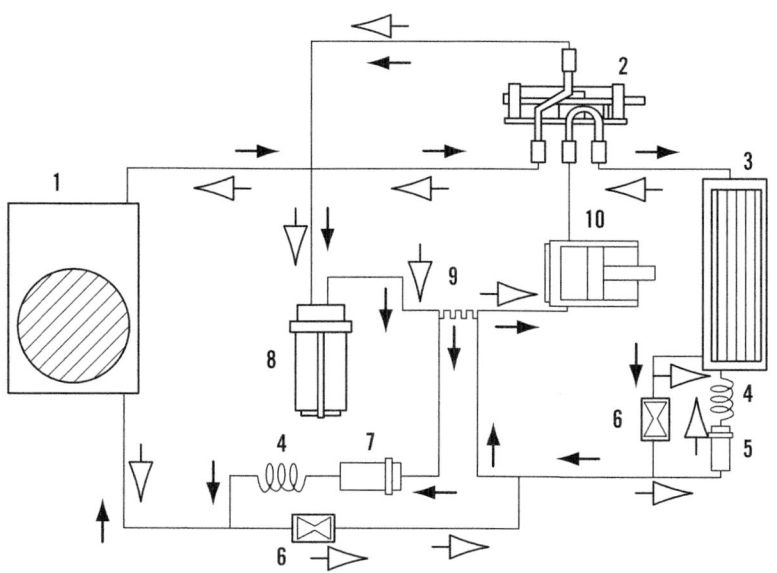

1. Batería exterior
2. Válvula de 4 vías
3. Unidad interior
4. Capilar
5. Filtro

6. Válvula de retención
7. Filtro secador
8. Acumulador de succión
9. Intercambiador por contacto
10. Compresor

c. Ciclo de calefacción/refrigeración

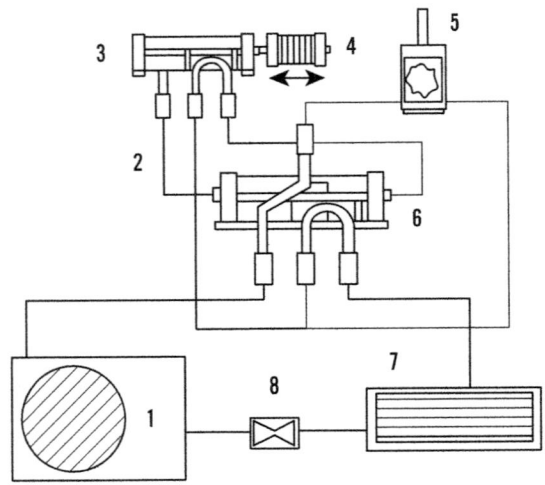

1. Unidad exterior
2. Tubo de baja presión
3. Electroválvula piloto
4. Bobina

5. Compresor
6. Válvula de 4 vías
7. Unidad interior
8. Expansor

d. Válvula de inversión de ciclo

6. **Identifique las diferentes partes de la unidad de tratamiento de aire (UTA).**

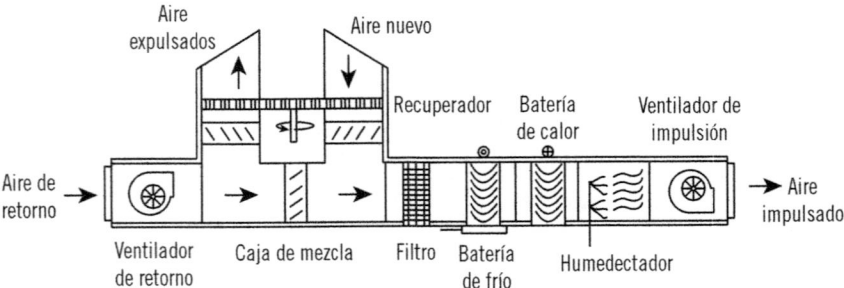

7. Escriba el nombre a cada una de las siguientes válvulas de control.

Válvula de bola · · · · Válvula de macho · · · · Válvula de diafragma

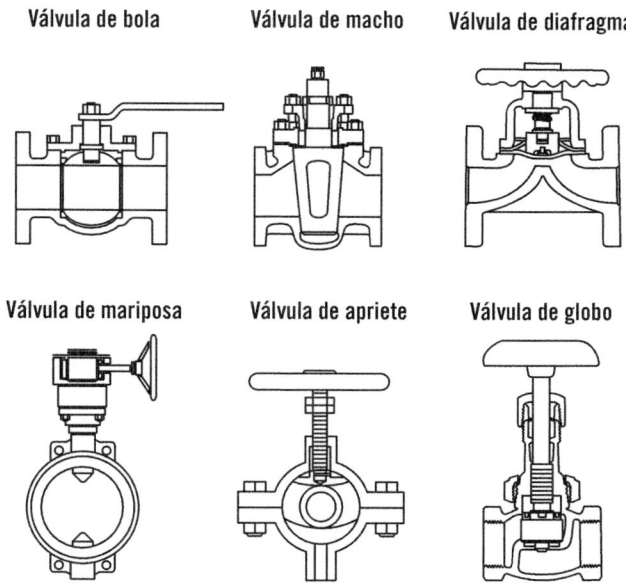

Válvula de mariposa · · · · Válvula de apriete · · · · Válvula de globo

8. Enumere las acciones a realizar antes de efectuar el arranque.

1. Revisar los diferentes elementos de la instalación para verificar su adecuación al esquema y diseño frigorífico.
2. Verificar los desagües (sifones, pendientes y resistencia).
3. Comprobar la colocación y el correcto funcionamiento de las válvulas equilibradoras de presión y de las alarmas de hombre encerrado.
4. Revisar el funcionamiento de las resistencias de puerta en cámaras de congelación.
5. Verificar que las válvulas de paso se encuentran abiertas.
6. Comprobar la alimentación/acometida eléctrica al cuadro de control de la instalación.
7. Revisar el orden de las fases para el sentido de giro de los ventiladores y si el compresor tiene sentido único.
8. Cargar la instalación con nitrógeno seco para probar la estanqueidad de la instalación.
9. Revisar la existencia de fugas en la instalación.

10. Reparar las fugas existentes, si las hay.
11. Realizar el vacío en la instalación para eliminar la humedad y los gases incondensables en el circuito.
12. Realizar una carga inicial incompleta de refrigerante.
13. Conectar las resistencias del cárter antes de la puesta en marcha para asegurar que el aceite apenas tenga refrigerante.
14. Regular los presostatos mediante una botella de nitrógeno seco y un manorreductor
15. Establecer los parámetros en los termostatos electrónicos y en los micro-procesadores de control de los compresores.
16. Regular los elementos de seguridad eléctricos a los niveles de máximo consumo.
17. Regular los temporizadores de la instalación.
18. Verificar la cadena de seguridad del compresor en el esquema eléctrico.
19. Practicar un test de funcionamiento de los compresores.
20. Realizar un test de funcionamiento de los ventiladores.
21. Ajustar los bornes de potencia de compresores y ventiladores.
22. Verificar los niveles de aceite.
23. Situar los cartuchos de filtraje en líquido y aspiración.
24. Verificar que las sondas de presión indican lo mismo que los manómetros de la instalación, si los tiene la instalación.
25. Si existe un fallo de las sondas, se comprobará la conexión eléctrica.

9. **Con respecto a las operaciones genéricas centradas en el control o la comprobación de las instalaciones, complete el siguiente cuadro:**

Medición de:	Temperaturas de sobrecalentamiento en la zona de aspiración y de presión del compresor Presión del aceite del compresor Temperatura de la salmuera o del aire Densidad de la salmuera y del pH Presión de evaporación y condensación
Comprobación de:	Toma de tierra de los aparatos eléctricos Entrada de aire fresco en la cámara frigorífica Calentamiento del motor y de su arranque
Control de:	Estado general de la instalación (visual) Fugas en la instalación Formación de escarcha

10. **Determine a qué tipo de cargas (lógicas, estables, inestables o generales) pertene-
ce cada una de las siguientes (algunas cargas pueden pertenecer a varios grupos):**

Carga por soporte, carga por compresión, carga térmica, carga tangencial, carga de
corte, carga por presión, carga por sismo, carga por arranque y paro, carga por momento, carga de tensión, carga radial, carga por contenido, carga por viento, carga por
transportación, carga por tubería y equipo, carga por peso propio, carga por montaje,
carga por prueba hidrostática.

I **Cargas lógicas.** Térmicas, tangencial, de corte, de momento, de tensión
y radial.

I **Cargas estables.** Por soporte, térmicas, por presión, por contenido, por
viento, por tubería y equipo y por peso propio.

I **Cargas inestables.** Térmica, por sismo, por arranque y paro, por transportación, por montaje y por prueba hidrostática.

I **Cargas generales.** Por compresión, térmicas, por momento y de tensión.

Mantenimiento correctivo de instalaciones de climatización y ventilación-extracción

Solucionario Capítulo 1

1. **De las siguientes afirmaciones, diga cuál es verdadera o falsa.**

   a. La composición del aire es un importante factor ambiental que se puede
   ver alterado por distintos contaminantes.

   ☑ **Verdadero**
   ☐ Falso

   b. La normativa en materia de climatización se refiere sobre todo a lugares
   abiertos donde no se pueden controlar los factores ambientales.

   ☐ Verdadero
   ☑ **Falso**

   c. El Código técnico de edificación establece las condiciones generales de
   ventilación en locales.

   ☑ **Verdadero**
   ☐ Falso

   d. En las cocinas, es suficiente con un sistema de ventilación natural, como
   puede ser una ventana que da al exterior.

   ☐ Verdadero
   ☑ **Falso**

   e. Existe una normativa específica para las condiciones ambientales en los
   lugares de trabajo.

   ☑ **Verdadero**
   ☐ Falso

   f. El rendimiento es un factor que carece de importancia en la elección de los
   equipos de climatización, ya que solamente se tiene en cuenta el consumo
   del equipo.

   ☐ Verdadero
   ☑ **Falso**

g. Una de las mejoras maneras de comparar equipos diseñados para el mismo uso es comparando sus fichas técnicas, de las que se puede sacar abundante información.

☑ **Verdadero**
☐ Falso

2. Según el CTE, lo adecuado es:

a. **Que el aire circule desde los locales más secos a los húmedos.**
b. Que el aire circule desde los locales más húmedos a los más secos.
c. Que el aire circule entre locales con la misma humedad.
d. Todas las opciones son incorrectas.

3. Las condiciones ambientales de los lugares de trabajo vienen establecidas en...

a. ... el CTE.
b. ... el R. D. 1027/2007.
c. **... el R. D. 486/1997.**
d. No vienen reguladas en ninguna normativa oficial.

4. Un instalador...

a. ... nunca necesitará mirar el manual de un equipo. Eso denotaría que no controla bien su área de trabajo, ya que todos los equipos son prácticamente iguales.
b. ... siempre debe conocer todos los manuales de todos los equipos del mercado para ser capaz de instalar cualquier modelo sin necesidad de poseer el manual en el momento de la instalación.
c. **... siempre debe consultar el manual del equipo antes de instalarlo.**
d. Todas las opciones son incorrectas.

5. Relacione cada operación con la periodicidad con la que se debe realizar, como mínimo, según establece el CTE.

a. Limpieza o sustitución de filtros.
b. Revisión del estado de funcionalidad de los extractores.

    c. Limpieza de los conductos.
    d. Revisión del estado de los filtros.

    d. Cada seis meses.
    c. Anualmente.
    a. Anualmente.
    b. Cada cinco años.

6. **Para trabajos sedentarios, ¿qué cantidad de aire debe ser renovada por persona como mínimo?**

    a. Quince metros cúbicos por hora (15 m^3/h).
    b. **Treinta metros cúbicos por hora (30 m³/h).**
    c. Cincuenta metros cúbicos por hora (50 m^3/h).
    d. Dependerá de la capacidad de trabajo de la máquina en cuestión.

7. **¿Cómo se calcula el rendimiento de un equipo de climatización?**

El rendimiento es la relación entre la potencia útil o aprovechable y la que absorbe la máquina.

8. **¿Cuánta potencia, en W, proporciona un equipo de 3.000 Kcal/h?**

(3.000 kcal/h) · 1 W / 0,86 kcal/h = 3.488 W

9. **¿Qué es una declaración de conformidad CE?**

Documento donde el fabricante declara que el aparato ha sido diseñado y construido conforme a la normativa vigente.

10. **¿En qué documento se pueden encontrar las principales características de un equipo de climatización?**

    a. **En su ficha técnica.**
    b. En el manual del usuario.

c. En el manual de instalación.

d. Esta información no aparece en ningún documento, solo aparece inscrita en el propio aparato.

Solucionario Capítulo 2

1. **De las siguientes afirmaciones, diga cuál es verdadera o falsa.**

   a. El mantenimiento correctivo predomina sobre el mantenimiento preventivo, ya que este último es más difícil y costoso.

   ☐ Verdadero
   ☑ **Falso**

   b. La suciedad en los filtros reduce el caudal de aire que por ellos pasa y reduce el rendimiento de una UTA.

   ☑ **Verdadero**
   ☐ Falso

   c. El caudal de aire puede ser inferior al nominal debido a que el ventilador gire en sentido contrario al que debería.

   ☑ **Verdadero**
   ☐ Falso

   d. Cuando se corta un tubo de cobre y luego se le pasa el escariador, para dejar un borde sin irregularidades, la posición correcta del tubo es con el orificio hacia arriba.

   ☐ Verdadero
   ☑ **Falso**

2. **¿Cuál es la parte de la UTA que intercambia calor con el aire para que este adquiera la temperatura deseada?**

   Batería de frío-calor.

3. **¿Cómo se debe actuar si se da arrastre de gotas en la batería de frío?**

   Regulando el caudal de aire que impulsan los ventiladores.

4. ¿Qué función tiene la válvula de cuatro vías?

Cambiar la dirección del refrigerante en el circuito frigorífico, convirtiendo el circuito frigorífico en una bomba calor.

5. ¿Con qué herramienta se puede ensanchar una tubería de cobre para que se ajuste herméticamente con las conexiones que ofrecen los equipos de climatización?

Con el abocardador.

6. El rendimiento de un equipo de climatización que utiliza refrigerante, ¿disminuye si le falta refrigerante? ¿Por qué?

No, porque la evaporación resulta insuficiente y la temperatura para este proceso es mucho más baja, lo que provoca que la máquina trabaje en condiciones desfavorables.

7. ¿Por qué unos refrigerantes son más sensibles a la humedad que otros?

Por tener distintas capacidades de absorción de humedad.

8. ¿Qué puntos son los más sensibles a pérdidas de refrigerante?

Los puntos de unión (roscados, soldados o a presión).

9. ¿Qué es un varistor?

Es un elemento semiconductor que protege el circuito de sobretensiones, situado a la entrada de la corriente en la placa electrónica y en el transformador de tensión del circuito.

Solucionario Capítulo 3

1. **De las siguientes afirmaciones, diga cuál es verdadera o falsa.**

   a. Las partes del sistema que se desmontan deben mantener cerradas las válvulas o taponados los tubos de conexión, con el fin de que no entre en su interior ningún agente que pueda agravar la operación de reparación.

   ☑ **Verdadero**
   ☐ Falso

   b. La iluminación del lugar de trabajo tiene que ser suficiente y provocar efecto estroboscópico.

   ☐ Verdadero
   ☑ **Falso**

   c. Las tuberías que no cuentan con el aislante se pueden aislar con coquilla aislante, adecuada al diámetro de la tubería.

   ☑ **Verdadero**
   ☐ Falso

   d. En la limpieza de circuitos, se realizarán barridos con nitrógeno.

   ☑ **Verdadero**
   ☐ Falso

2. **Indique a qué tipo de detector de fugas corresponde cada una de las siguientes opciones.**

   a. No es útil para refrigerantes que no contengan halógenos ni tampoco puede usarse con los que pueden inflamarse. **Lámpara halógena.**
   b. Se aplica con una brocha o pincel sobre las superficies de las partes en las que se sospecha que hay fugas. **Agua jabonosa.**
   c. Están compuestos por una mezcla de aceite y elementos de origen orgánico que brillan, indicando el punto de fuga cuando se alumbra con una lámpara fluorescente. **Lámpara ultravioleta, colorante y aditivos fluorescentes.**
   d. Son muy precisos y existen de varios tipos, según la sustancia a detectar. **Detectores electrónicos.**

3. ¿Cómo puede saberse si la fuga se presenta en el lado de baja presión o en el lado de alta presión?

Porque en el lado de alta presión se pierde parte del refrigerante bajando el rendimiento del equipo, mientras que si la fuga se da en el lado de baja presión el circuito aspira aire y humedad, acarreando problemas al refrigerante y al lubricante.

4. ¿A través de qué elemento se conectan la bomba de vacío y el equipo, para hacer vacío y controlar las presiones?

Por medio del puente manométrico, conectar de manera segura, cada manguera en su lugar correspondiente. La bomba de vacío se conecta al puente manómetro a través de la llave de carga de la tubería de líquido. El puente manómetro se conecta a los orificios de las válvulas de aspiración y descarga del compresor.

A continuación, se abre la llave de carga del puente manómetro. Al abrir la llave de carga de la tubería de líquido, se establece la conexión con la bomba de vacío.

5. ¿Cómo puede saberse cuál es la rotura que presentan las válvulas de servicio, observando los síntomas que se presentan en la superficie?

- Cuando no se observa aceite, es la falta de lubricación la causa del desgaste del elemento.
- La presencia de una sustancia gomosa negra es provocada por humedad.
- Si se detecta carbonilla, el lubricante se ha quemado debido a un sobrecalentamiento de alguna parte del compresor.

6. ¿Cómo debe procederse para desmontar un compresor que presenta problemas mecánicos?

Para desmontar el compresor, lo primero es anular la alimentación eléctrica del equipo abriendo su interruptor y, si tiene enchufe, desconectándolo. Seguidamente, se comprueba que sus bornes de alimentación están libres de tensión y se desconectan los cables que llegan a ellos. Se cierran las llaves de servicio del compresor y se vacía el refrigerante y aceite que aún pueda quedar en su interior.

Tras estas actuaciones, el compresor es apto para ser trasladado al taller, donde será reparado.

7. ¿Cómo se elimina la humedad de los circuitos?

La forma de eliminar la humedad de los circuitos es hacer que el agua se evapore. Para que el agua se evapore, se va bajando la presión en el circuito hasta hacer el vacío y, para favorecer el cambio de estado de líquido a vapor, se aporta simultáneamente calor a las zonas del circuito donde se sospecha que puede haber agua con un secador de pelo, un soplete o una manta térmica, pero con mucho cuidado de no quemar nada. Este primer paso de realización de vacío del sistema se mantendrá al menos tres o cuatro horas.Tras realizar la carga completa de refrigerante, ¿cómo es mejor arrancar un equipo reversible una vez realizada la carga de refrigerante?

8. Tras realizar la carga completa de refrigerante, ¿cómo es mejor arrancar un equipo reversible una vez realizada la carga de refrigerante?

Es mejor arrancarlo en modo calor, para que el compresor, en lugar de aspirar refrigerante, empuje el refrigerante líquido.

9. ¿Por qué los gases refrigerantes no deben ser liberados?

Porque muchos de ellos son muy contaminantes para el medioambiente e incluso pueden ser tóxicos para las personas que los manipulan.

Por otra parte, es un desperdicio desechar el refrigerante teniendo la opción de poder reutilizarlo o reciclarlo por medio de los procedimientos adecuados.

10. ¿Qué son las hojas de mantenimiento?

Son el medio del que se sirve el instalador para llevar un registro de las actuaciones realizadas en el mantenimiento de la instalación.

Solucionario Capítulo 4

1. **De las siguientes afirmaciones, diga cuál es verdadera o falsa.**

   a. La herramienta que se utiliza para reparar los circuitos de ventilación dependerá en gran medida del material de construcción de los conductos.

      ☑ **Verdadero**
      ☐ Falso

   b. Si se permite la acumulación de suciedad en el circuito de ventilación, esto no afectaría a la salud de sus usuarios, ya que la instalación tiene filtros.

      ☐ Verdadero
      ☑ **Falso**

   c. Antes de proceder al mantenimiento correctivo, se debe hacer una inspección detallada de todo el sistema, para detectar el origen de la deficiencia.

      ☑ **Verdadero**
      ☐ Falso

   d. Es importante que las correas estén a una tensión apropiada para optimizar el funcionamiento y alargar la vida del motor.

      ☐ Verdadero
      ☑ **Falso**

   e. No hay que preocuparse si los cojinetes del motor producen ruido, es lo normal.

      ☐ Verdadero
      ☑ **Falso**

2. **Complete el siguiente texto.**

   Las tareas de mantenimiento correctivo en instalaciones de ventilación-extracción que se deben realizar en caso de encontrar una avería van a ser la reparación o sustitución del elemento dañado.

En el caso de tener que reparar, cabe la posibilidad de que la pieza averiada pueda ser reparada sin tener que extraerla, puede que solamente deba ser limpiada o engrasada o actuar sobre parte de esta con facilidad desde el exterior.

Sin embargo, en muchos casos, es más fácil extraer la pieza y volver a colocarla una vez **reparada,** ya que la accesibilidad y el manejo de útiles se facilitan, al no tener las limitaciones de espacio y de movilidad que se darían si el elemento se dejara fijado en su posición funcional.

3. **¿Cuál de los siguientes elementos es propio para fijar al techo conducciones, si la tabiquería es hueca?**

    a. Tacos metálicos.
    b. Tacos expansivos de plástico.
    c. **Tacos de plástico para hormigón.**
    d. Todas las opciones son incorrectas.

4. **¿Cuáles son las ventajas de disponer de un *stock* de piezas?**

    ▌ Minimiza el tiempo de respuesta para realizar una reparación.
    ▌ Al comprar cantidad, puede que el precio obtenido sea ventajoso.
    ▌ Evita desplazamientos a los lugares de aprovisionamiento.

5. **¿Qué es lo primero que hay que hacer para detectar una avería del circuito de ventilación?**

    a. Una inspección de la instalación.
    b. Desmontar el motor que mueve los ventiladores.
    c. Mirar a través de todas las aperturas del circuito.
    d. Todas las opciones son incorrectas.

6. **¿Cuáles son las operaciones de inspección a realizar antes del mantenimiento correctivo?**

    ▌ Comprobar si el aire está siendo correctamente distribuido por todos los espacios ocupados del edificio.
    ▌ Inspeccionar el equipo de filtración de aire.

I Verificar los equipos centrales de refrigeración y calor.
I Comprobar el sistema de humidificación del aire.

7. ¿Cuáles son las principales causas de avería en un motor?

Las principales causas de avería en el motor son la suciedad, la humedad y la falta de lubricación.

8. ¿En qué método de limpieza de conductos se requiere un equipo de aspiración?

a. Método de aspiración por contacto.
b. Método de limpieza por aire a presión.
c. **En ambos métodos.**
d. Ni en uno ni en otro.

9. ¿Cómo se reparará un ventilador si la unión de las palas a la flecha está deteriorada?

Puede dársele un punto de soldadura que asegure la fortaleza de la unión.

10. ¿Cuáles son los problemas eléctricos más comunes?

I Falta de alimentación eléctrica.
I Mal conexionado.
I Derivaciones eléctricas.
I Deterioro de conductores.

Solucionario Capítulo 5

1. **De las siguientes afirmaciones, diga cuál es verdadera o falsa.**

   a. La válvula flotador del sistema de humectación permite la entrada de agua por encima del rebosadero.

   ☐ Verdadero
   ☑ **Falso**

   b. El principal objetivo de un sistema de climatización y, por lo tanto, el fin de una reparación de dicho sistema es mantener el confort.

   ☑ **Verdadero**
   ☐ Falso

   c. Por medio de los automatismos, se puede programar y poner en marcha el sistema de ventilación a una hora determinada, aun no estando presentes en el lugar.

   ☑ **Verdadero**
   ☐ Falso

2. **Complete el siguiente texto.**

   El valor máximo establecido para la velocidad del aire en las bocas de salida de los conductos de aire no debe ser superior a 0,25 m/s al nivel donde se encuentran las personas.

   Para comprobar que no se supera este valor, cuando se realice la puesta en marcha de la instalación tras efectuar una reparación, se medirá con un anemómetro la velocidad hasta conseguir la velocidad deseada.

3. **Elija la opción adecuada.**

Para medir la velocidad del aire, se utilizará...

   a. **... un anemómetro**
   b. ... un termómetro
   c. ... un termostato.

¿Qué temperatura pone como límite mínimo el RITE para verano?

   a. No pone límites.
   b. 25 °C.
   c. **23 °C.**

¿Qué parámetro es el que detecta un sensor de calidad del aire?

   a. La humedad del entorno.
   b. **Concentración de iones.**
   c. Temperaturas máximas.

Después de pasar un flujo de aire por un filtro, la presión del aire...

   a. ... aumenta.
   b. **... disminuye.**
   c. ... no cambia.

4. **Ordene las siguientes acciones para poner en marcha una batería de un intercambiador de agua.**

   a. Se abre la válvula de purga.
   b. Se abre un poquito la válvula de suministro de agua, de forma que la batería del calentado se llene lentamente y permita salir el aire por la válvula de purga.
   c. Cuando comience a salir agua por la válvula de purga, la batería estará completamente llena y se cerrará.
   d. Se abre la válvula de agua completamente y enciende el ventilador.
   e. Finalmente, se deben ventilar completamente todas las tuberías y conexiones.

5. **¿Qué puede pasar si se emplea un agua dura en el sistema de humidificación?**

Si se utiliza agua no tratada, salobre, o tratada inadecuadamente en las unidades de humidificación, se pueden producir incrustaciones, erosión, corrosión, algas o lodos.

6. **Si las condiciones del caudal de aire que se encuentran son: la presión estática exterior es superior a la especificada, mientras que el caudal de aire medido es demasiado bajo, ¿cómo se actuará?**

Ante esta situación, hay que aumentar el caudal de aire cambiando o ajustando las poleas de transmisión por correa.

7. **¿Qué es la memoria de la intervención correctiva realizada?**

Para dejar constancia del mantenimiento correctivo realizado, debe procederse a la documentación y archivo de todas las actuaciones de reparación que tengan lugar en cada instalación concreta. Para ello, el técnico de mantenimiento redactará una memoria de intervención en la que explique el objeto de su intervención, justifique las decisiones tomadas al respecto, los medios que ha empleado para llevar a cabo, las tareas que ha comportado la reparación de la avería, etcétera. La memoria expondrá todos estos datos de forma clara y ordenada, evitando aquellas referencias que puedan significar errores de interpretación y siguiendo un orden lógico similar al que se sigue para el desarrollo de los trabajos.

8. **¿Cuál es la utilidad de los partes de trabajo?**

Este documento tiene una doble utilidad: por un lado, permite al técnico o la empresa de mantenimiento llevar a cabo el control y seguimiento de las intervenciones realizadas sobre cada elemento y de los tiempos realmente empleados por sus operarios para desarrollarlas, lo que hace posible efectuar el seguimiento técnico y económico de las intervenciones de mantenimiento correctivo y adecuar los protocolos y los tiempos de dedicación a las necesidades reales en cada caso. Por otro lado, facilita a los propietarios y usuarios la información detallada y puntual del trabajo que se está efectuando.

9. Enumere al menos 3 tipos de actuadores.

- Válvula de 3 vías.
- Compuertas motorizadas.
- Compuertas de sobrepresión.
- Contactores y relés.
- Variadores de velocidad.

10. ¿Qué diferencia hay entre los mandos manuales y los automáticos?

En los mandos manuales, el propio usuario los controla en según su criterio.

Los automáticos están programados previamente y el equipo autómata controla el funcionamiento del equipo en función de parámetros exteriores.